区域经济发展理论与实践研究

杨舒涵◎著

文化发展出版社
Cultural Development Press
·北京·

图书在版编目（CIP）数据

区域经济发展理论与实践研究 / 杨舒涵著．— 北京：文化发展出版社，2023.10
ISBN 978-7-5142-4133-4

Ⅰ．①区…　Ⅱ．①杨…　Ⅲ．①区域经济发展－研究－中国　Ⅳ．① F127

中国国家版本馆 CIP 数据核字 (2023) 第 208753 号

区域经济发展理论与实践研究

杨舒涵　著

出 版 人：宋　娜
责任编辑：侯　娜　　　　责任校对：岳智勇
责任印制：邓辉明　　　　封面设计：守正文化
出版发行：文化发展出版社（北京市翠微路 2 号　邮编：100036）
网　　址：www.wenhuafazhan.com
经　　销：全国新华书店
印　　刷：天津和萱印刷有限公司

开　　本：710mm × 1000mm　1/16
字　　数：210 千字
印　　张：12
版　　次：2024 年 7 月第 1 版
印　　次：2024 年 7 月第 1 次印刷

定　　价：72.00 元
I S B N：978-7-5142-4133-4

◆ 如有印装质量问题，请电话联系：010-58484999

前 言

区域经济发展既是世界各国共同面临的突出问题，也是当前中国人民关注的热点问题。中国作为一个发展中国家，东西部之间的经济发展并不均衡，这是中国最根本的国情特点。怎样制定出一套行之有效的地区经济体制，从而推动东西部之间的经济协调发展，进而将地区间差异的扩大程度保持在人民的社会心理能够接受的程度上，并推动这种差异逐渐减小，这既是一个非常具有学术价值的课题，又是一个事关国家经济可持续发展、国家安危与民族团结的重大实践课题。这本书的出发点与落脚点都是以地区经济发展为最终目标的。具体来说，将从空间和时间两个角度对区域经济发展进行分析，空间视角的分析主要包含了两个层次：区域内部与区域之间的经济发展。这本书以区域经济发展为主线，其核心问题就是如何建立一个良好的区域经济发展机制。

本书第一章为区域与区域经济概念，分别介绍了区域经济基础理论、区域经济系统认知、区位与发展条件、区域发展的模式与结构四个方面的内容；本书第二章为区域经济发展的理论研究，主要介绍了四个方面的内容，依次是区域经济增长理论、区域经济分异理论、区域经济发展理论、经济地理理论；本书第三章为区域经济发展模式、差异及战略研究，分别介绍了三个方面的内容，依次是区域经济发展模式研究、区域经济发展差异研究、区域经济发展战略研究；本书第四章为中国特色区域经济新发展，依次介绍了我国区域经济曾经出现的发展模式、我国区域经济发展呈现的新亮点、我国区域经济发展形成的若干特色、未来中国特色区域经济发展的趋势展望等四个方面的内容；本书第五章为区域经济发展的实践探索，主要介绍了五个方面的内容，分别是区域经济发展之云南旅游产业的发展、珠三角区域经济发展模式分析及路径创新研究、长三角区域经济发展的空间结构分析、京津冀经济圈的协同发展研究、区域经济发展之振兴东北老工业基地。

在撰写本书的过程中，笔者得到了许多专家学者的帮助和指导，参考了大量的学术文献，在此表示真诚的感谢。由于笔者水平有限，书中难免会有疏漏之处，希望广大同行及时指正。

杨舒涵

2023 年 4 月

目录

第一章　区域与区域经济概念

第一节　区域经济基础理论

一、区域与区域经济

人类的任何经济活动都离不开某一特定的空间。不同水平、不同类型的经济活动与某一特定的空间结合，形成了丰富多彩的区域经济。解释经济活动在空间上的运行规律，以有效地把握并运用规律，创造更加高效、更加丰富的区域经济就是本学科研究的内容。

（一）区域的概念

区域概念最早使用在地理学科中。20 世纪以后，区域问题逐渐受到了社会学家、行政学家、政治学家、经济学家等诸多学者的关注，“区域”一词逐渐流行起来。

各门学科对区域的定义各有不同。从地理学的角度来看，区域是地壳上的一个地区单元，它既可以相互交叠又不会被遗漏；从行政学角度来看，区域作为国家治理的一个行政单元，它既有量化的特征，又有等级的特征；从社会学的观点来看，区域是指具有共同语言、共同信仰和国家特色的人类社会的集合体。

对于经济学中的“区域”这一概念，至今还没有一个明确的说法。我们更倾向于陈栋生教授对苏联行政区划委员会关于“区域”的界定：“所谓区域应该是国家的一个特殊的经济上尽可能完整的地区。这种地区由于自然特点、以往的文化积累和居民及其生产活动能力的结合而成为国民经济总锁链中的一个环节。”在经济学中，区域的概念有其基本含义，大致包含以下四个层次。

第一，区域是一种“空间”观念。所有的经济行为都必须在特定的地域内进行。将经济活动放在空间上进行研究，这是区域经济的根本特点。

第二，区域是指一国领土范围之内的所有构成要素。中央政府在政治和经济上具有调控权力，并负责推动其发展：其兴衰对国家整体经济及社会的影响不可忽略。中央与区域之间的关系，是中央制定和执行地区经济政策，发挥其应有作用的先决条件和必要条件。

第三，区域是一种社会－经济复合体，它在全国范围内承担部分功能，并具有比较完备的经济结构。

第四，区域经济发展呈现同质性、集聚性的特征。同质性是指区域内部具有某些重要因素特征上的一致性或相似性，这些要素包括资源禀赋、产业结构、收入水平等。集聚性是指某些功能上联系紧密的异质部分在共同利益基础上形成的内聚力。

经济区域与行政区联系紧密。因为：第一，行政区的划分也要考虑经济的内在联系，在生产力发展水平较低的情况下，经济区与行政区重合程度相对较高；第二，行政区便于政府计划和政策的实施，也有利于取得统计资料并开展分析。因此，在分析经济区域问题时，常常离不开行政区。

（二）区域的类型

广义的区域有三大基本类型，即自然区、行政区和经济区。就经济区域而言，也可以从不同的角度分成多种多样的类型。

从空间分布上看，与行政区划相比，经济区域又可分为错位区和重合区两种。错位区跨越了行政区划，而其最高层次则是跨越了国界，最低层次是跨基层行政区的，中间层次是跨国内或省内行政区的。重合区不跨行政区，两者的区界大体一致，一个国家可以成为一个经济区域，一个省、一个州、一个县也可以成为一个经济区域。重合区大多存在于经济比较落后的地区。随着区域经济的发展，重合区将具有向错位区演变的趋势。但无论是错位区还是重合区，它们的存在空间都具有一定的层次性。

流域区是根据其天然特性而划分的最为重要的一种经济区域。虽然表面上有很多天然的地貌，但只有河流宽阔的流域区才能构成我们所说的经济区域，而山区和平原则通常属于流域区。考古学家早就证实，在人类社会中，在经济和文化的繁荣中，走在最前面的，都是被河流开发出来的绿洲和平原。河流对人类社会发展的贡献，对经济活动产生了强大的凝聚力，使得流域不但是一种最古老的经济区域，同时也是一种蓬勃发展、永不衰退的经济区域。长期以来，世界上许多国家的政府都非常重视流域地区的发展与建设，流域区因此而成为一个重要的经济区域。长三角作为中国两大最具发展潜力的区域之一，其主要经济体的组成既体现了该区域的基本特点，又体现了该区域的差距。有些地区的主体经济相对于其他地区来说，它们属于一种相对单一的类型，如以农业经济为主的农业地区，以牧业经济为主的畜牧业地区，以工业为主的工业地区等，这种类型的地区属于一种单一型的经济区域。一些地区已经不再是某种类型的经济占据了主要的位置，而变成了各种类型的经济复合体，从主体经济的特点来说，这是一种综合性的经济区域。区域经济发展史告诉我们：比较单一类型的经济区域具有向综合型经济发展的趋势。这里有两种情况：一是在区域经济比较落后，或者是区域层次比较低的情况下，存在着某种较为单一型的经济区域；二是在商品经济比较发达的区域，形成了若干专门化生产部门，但是，区域生产专门化总是与综合发展相结合，因此，这类区域已不是单一型的经济区域，而是一种比较成熟的综合性经济区域。

根据其经济运作特点，可以将地区经济分成自发型经济区和自觉型经济区。这两种类型实质上就是一个经济区在发展中所经历的不同时期。自发型经济区是指一个地区的经济在自发状态下的一种经济，它的范围很不明确，主要表现为一个地区的生产生活的地区差别，以及一个地区的经济活动的地区聚集或分散，表现出一种自然的、被动的作用。在一个较长的时间内，根据一定的经济和社会环境，由自发型经济区向自觉型经济区发生了转变。自觉型经济区指的是，人们为了达到一定的经济目的，利用经济手段来组织和计划地区的经济活动，因此，该地区的范围是比较稳定的，其作用、功能已经从自然式的被动型转变成了经济式的主动型。

很显然，自觉型经济区是自发型经济区发展的一次质的飞跃，这个飞跃的基本特征是具有经济行为的人根据区域经济运动规律的客观要求，对区域经济进行合理的整体规划和科学的系统组织，经济区的整体功能大为增强。我国的经济区目前正处于由自发型经济区向自觉型经济区的过渡期间。

根据地区的发展程度，可以将区域分为发达地区、次发达地区和欠发达地区。

很明显，发展程度只是一个相对概念，发达国家和不发达国家都是相对的。按照一个共同的评估准则，世界各国可以将其分为发达地区、次发达地区和不发达地区，而每个国家内部，甚至是每个省等国内的局部地域单元，也同样可划分为发达区域、次发达区域和不发达区域。由于评价标准的不一致，各国之间的上述三类地区在发达程度上是完全不一样的。世界对于宏观区域分析，还是对区域发展政策和规划的制定，都是十分必要的。从分析和认识经济区域的方法论着眼，也可以把经济区域分为不同的类型。西方的区域经济学家通常把经济区域分为同质区域和结节区域。同质区域是基本舍掉了区域的内部差异，认为区域内部是均衡一致的，这实际上是把整个区域聚合在一起，是一个无“空间”的区域。同质区域概念对从宏观上分析区域的外部关系和区域之间的经济联系，以及为国家制定不同的地区政策，提供了较为简便的方法。结节区域与同质区域相反，它舍弃区域内部的统一性，强调区域内部的差异性，把区域经济运动看成是区内的结节点或中心通过其内聚力的发挥而实现的。结节区域着重分析区域内部的形象，为研究区域内经济问题提供了分析方法。

经济特区也是一种经济区域，这类区域是出于对外开放的需要，在国内领土范围内划出小块地方，实行不同于国内其他地区的特殊政策，以吸引和鼓励国外投资者来兴办工商业和其他经济事业。经济特区对引进技术和资金、发展对外贸易具有重要作用，无论是发达国家还是不发达国家，都陆续兴办了这类经济特区。早期的经济特区大体分为两种类型：一是自由贸易区，如自由港、关税自由区、外国贸易区等；二是加工出口区，如出口特区、工业自由区、投资自由区等。自由贸易区历史较早，加工出口区只是第二次世界大战以后才逐步兴起。我国于1979 年在深圳市、珠海市、汕头市和厦门市设立了四个经济特区，1984 年又在沿海 14 个城市开辟了出口加工区或对外开放区。随着经济的发展，经济特区逐步走向高科技化，科技园区就是高科技的经济特区，它是区域的技术创新、科技示范区，在区域经济中发挥着越来越大的作用。

（三）区域空间的构成要素

在区域经济中，空间是人们在一定范围内开展社会、经济活动的地方，所有的经济活动都是形成了空间结构的一部分，将其概括为：在区域上，社会、经济活动以不同的空间形态呈现，即节点、轴线和域面。点、线和面是研究区域空间的三大基础元素。

1．节点

在一个特定的地区，由于一种经济活动的内在力量而引起的一种极化，将一系列的经济活动都聚集到一个地区的经济中心，这种中心就被叫作点或节点。“节点”通常是指聚落在一起的人们所组成的城镇和居民点。因为节点的聚集规模、主要功能以及空间分布形式都有区别，所以，某一地区的结点具有尺度的区别，而这些结点在数量上以及规模上的联系则是结点的规模分级。

在一定的区域范围内，各节点以特定的区域职能服务于周围的地区。因此，节点的职能体系是由各个节点在社会经济地域活动中的各分工而组成。节点的空间分布体系是由一定区域范围内各节点在空间形态上的组合形式、相互分布位置的状况来决定的。节点的空间布局系统是其功能型结构与规模层级结构在地域空间结合上的产物与体现。

在建筑中，节点是空间结构最基础的组成部分。其特点如下。

第一，有一个特定的节点。任何一种经济活动的中心，我们都能发现其自然与经济两方面的位置，并能通过其地图上的坐标清楚地标示出来。

第二，节点具有尺寸和形状。因为交互作用的规模和着力点的差异，在不同地区所形成的节点，可以是大的，也可以是小的，而且还会呈现不同的形态。比如，在平原地区，城市的经济中心可以形成一个同心圆，而在山区和丘陵地区，则主要是沿江河而行。

第三，节点有持续的聚合效应。当一个节点形成的时候，因为它的极化作用，城市经济中心自身会继续发展，节点的规模也会相应地扩大，节点的聚集效应其实就是增长极的效应。

第四，在节点中有清晰的功能划分。节点是一个城市的经济中心，如果我们把节点放大一些，它就是一个城市的内部空间结构，它有办公区、商业区、居民区和工业区等不同的功能划分。这种节点内部的功能分区，决定于这个节点本身的地位和作用，是节点经济要素聚集的反映。

第五，节点具有“量”与“质”的观念。在某一区域中，节点数目是可计数的；并在此基础上，提出的一系列的评价指标也可以用来衡量节点的质量，如工业总产值等。在一个地区的发展规划过程中，节点的数量与质量直接关系到一个地区的发展。

2．轴线

在某一地区的范围内，将各节点之间联系起来的一种线性的经济景观，叫作“轴线”，如通信线路、交通线、水资源和能源运输线等，都属于经济轴线的构成内容。

轴线通常不能离开节点独立存在。在区域经济的运作过程中，各种资金流、信息流、技术流、人流、商品流等，都要经过相关的网络来传输。这些线的要素，都是由节点连接起来的，它们为区域经济要素的流动提供了空间和载体，轴线既是一个地区进行经济活动的基础设施，又是经济活动的空间基础。

轴线具有下列三大特点。

首先，轴线有一个确定的开始和结束点。在轴线的开始和结束处，存在着不同的节点，因为这些节点需要与周围区域进行多种经济联系。因此，需要构筑节点之间，以及节点与周围区域之间的连接，形成轴线。

其次，轴有固定的方向和长度。轴长取决于节点间的间距，轴向取决于节点经济活动的规模。经过长时间的发展，在其轴线上出现了许多节点，这样的轴线被称为“发展轴”。

最后，轴线具有某种质量标准。轴线的质量是指它所包含的经济景观内容的质量，如铁路线具有某种质量水平、能源线具有某种通过能力等。

3．域面

域面是一种空间基础，它是节点和轴线的存在之处，一般与我们所说的区域的概念相符合，但是，总体而言，域面是一种经济活动“底盘”。域面的特点就是一般区域的特点，也就是区域的质量特点。在进行地区经济规划时，重点关注域面的规模与质量。域面的范围指的是经济活动的范围，因此应该是经济区域的范围，在某些情况下，指行政区划的范围。域面的质量，就是一个地区的经济发展水平，也就是该地区的资源丰富程度。

在区域经济学中，这种由点、轴和域面构成的相互关联的体系构成了区域空间网络体系。

二、区域经济要素

区域经济是一种有区域特点的国民经济。经济是国民经济的主导力量，经济体系具有国民的普遍特点；由于其既有空间特点，也有区域特点，这两种特点决定了区域经济的两种因素：一是区域经济发展因素，二是经济区域组成因素。

（一）区域构成要素

1. 经济中心

经济中心是经济区域的三个基本元素的核心。一个地区从一个普通的自然区域向一个经济区域发展的重要标志就是经济中心的出现。在商品经济环境中，区域经济在空间上的集聚，使得城市变成了区域经济的中心。所谓“区域经济”的“空间聚集”，首先是“商品交换”的“空间集聚”，这种不断扩大的集聚导致了城市的出现。此后，随着生产力的发展，工业生产开始向城市集中，使得城市逐渐成为一个地区的经济中心。

区域经济中心在空间上表现为三大特点：首先，它是多层面的。不同地区的城市因其空间集聚能力的差异，其对经济的吸引力和辐射作用也存在差异，并由此产生了多级、多层次的经济中心。其次，它是具有选择性的。城市是一个地区的经济中心，但并非全部都是一个地区的经济中心。最后，“区域经济中心”指的是一个地区的经济活动中心，而非一个地区的地理位置。

2. 经济腹地

经济腹地是经济区域三大构成要素的基础。没有经济腹地，就不会有经济中心，区域经济也就无从谈起。经济腹地是指经济区域内经济中心以外的地域范围。

经济腹地具有三个重要的经济特征：第一，经济运动的多元性。多元的经济运动是经济腹地的基本特征，也是区域经济运动的基础。经济腹地的经济运动包括多种生产要素的运动、多种生产部门的运动、多种经济形式的运动。第二，多元运动的相关性，即经济腹地的生产要素、生产部门和经济形式在运动过程中的相互关联，一种形式的运动必然对其他形式运动产生影响，因此是多种要素相互联系的复合运动。经济腹地作为这种复合经济运动的地域依托，多元经济相关运动成为它的重要特征。第三，经济腹地的多层次性。与多层次的经济中心相对应，经济腹地也是多层次的、重叠的。对于一个具体的地域来说，它既是那个较低层次经济中心的经济腹地，同时又是那个较高层次经济中心的经济腹地。从经济腹地的这些特征出发，评价经济腹地的丰度不能只看其面积的大小，更重要的是看经济运动的规模和水平。丰度是一个在特定地域范围内多元要素复合运动的立体概念。

经济网包含三个层面的含义：首先，经济网是经济联系的通道，它的物质组成是邮电通信网和交通运输网络；其次，经济网指的是一种经济联系体系，它的基本组成要素是经济中心与经济腹地间的经济交流与信息交流；最后，经济网是指经济关系的组织形式，它的基本组成是由一个经济中心与一个经济腹地所组成的有内在关联的工业结构，并与之相关联的市场贯通、技术转移等。

（二）区域经济发展要素

经济区域与区域经济是两个截然不同的概念，组成两者的因素也截然不同。经济区域是以经济中心、经济腹地、经济网络为基本元素的，是一种地域因素，强调了区域的空间组成，强调了经济活动所依赖的空间关系，是一种区域因素；而区域经济的组成因素则是指存在于地区内的各种经济发展因素，是一种自然因素、社会因素和经济因素。在这个意义上，地区的地理位置，自然条件，历史基础，自然资源，人口，劳动力，资金，技术，市场，以及组织管理，都会对地区经济的发展产生影响，我们称其为“区域经济发展因素”。按照不同类型的区域经济发展因素的特点和作用，我们将其划分为 4 种类型。

1. 自生性要素——自然资源和历史基础

区域的天然资源来自自然，而地区的历史根基则是地区的经济和社会发展的历史精华，前者是人们自己产生的，而后者则是地区今后发展的必然结果，所以我们把它叫作区域内的自生性因素。

区域的自然资源包括区域的气候（包括温湿度、降水量、热量、日光水分等）、水文（包括海洋、江河、湖泊、地下水等）、地质（包括矿产）、土壤（包括它的各种类型结构和理化性质等）等。自然资源是在地球漫长的演变过程中逐步形成的，一旦形成它便具有某种稳定性，而稳定的自然资源是人们从事生产经营活动的自然基础和外部条件。

人们要从事物质资料的生产，首先必须占有自然资源，利用土地、矿藏、森林、河流、日光等天然的物质条件，通过人的劳动，对各种自然资源进行综合加工与转换，才能获得人类生存与发展的物质资料。因此，自然资源是重要的区域要素，这些要素的关联及运动规律，对区域经济活动具有重要影响。例如黄河流域和长江流域由于气候、水文、地形、地貌的多种差异，农业内部的结构就大为不同。但从发展的观点看，自然资源对区域经济活动和区域经济发展并不具有决定性的影响，随着社会生产力的进步，自然资源对经济活动的限制作用日趋减小。

区域的历史基础包括区域拥有的固定资产和流动资产量、经济发展水平产业的发育程度、法律的完善程度、城市建设与基础设施条件等。历史基础和自然资源一样，对区域经济活动和区域经济发展有着深刻的影响，如历史基础较好、生产力水平较高的区域，发展的基础条件较好，起步较高一些，可以吸引更多的人才、资本、技术、产业到此发展；而历史基础较差、生产力水平较低的区域，对人才、资本、技术、产业等的吸引力就较小。但历史基础对区域经济活动和区域经济发展不具有决定性的影响。

2. 再生性要素——人口、技术和资本

人、技术、资金，虽然在形式上、在功能上各不相同，但是都具备了流动与派生的特性，所以我们称为“再生因素”。人口、技术和资本是影响地区经济发展的重要因素，也是影响区域经济发展与活动的重要因素。

人既是生产者，又是消费者，这两方面的属性都对区域活动有重要影响。人作为生产者，一定区域的人口密度、数量及文化技术素质的高低均对区域经济活动有明显影响。一般来说，人口密度大，数量多，人的文化技术素质高说明区域内劳动力要素供给良好，对经济发展有利。因而人口稠密和人的文化技术素质高的地区，往往产业密集程度高，经济增长速度和经济发展水平都比较高。而在人口稀少的地区，人的文化技术素质一般较低，如果劳动力的供给超过区域社会劳动就业容量的限度，反而会对区域经济的长远发展产生不良影响。人作为消费者，一定区域人口的多少与密度实际上表示这个区域的社会需求与市场容量的大小，这会对主要供给本区消费品的生产产生影响，同时也会影响到一些相关产业的发展。但是，人作为消费者所形成的社会需求与市场容量，不仅取决于人口的数量，而且取决于人的实际收入水平和消费习惯。如果人口的过快增长超过了区域经济发展可能提供的消费能力和消费总量限度，不仅会影响人的消费水平的提高，而且制约区域产业结构高度化进程和区域经济的发展。

技术作为人类驾驭客观事物的方法和手段，本身并不是以独立的区域要素出现，而是以其他区域要素为载体出现而发挥作用。技术的发展变化或是强化某些区域要素对区域经济活动的影响，或是弱化某些区域要素对区域经济活动的影响，在这个过程中，技术也就以其他区域要素为媒介，间接地发挥自身对区域经济活动的影响作用。技术虽然是间接地对区域经济活动产生影响，但这影响力本身却可以非常之大，有时甚至对区域经济活动的发展起着决定性的作用。例如核能的使用，使矿产资源比较匮乏地区的能源供给发生根本性的变化，因而可以发展更多的高耗能产业。随着经济的发展和科技的进步，技术对区域经济活动的影响作用将越来越大。

资本是影响区域经济发展的又一重要因素，特别对发展中国家和落后地区来说，是影响和制约经济发展的核心要素。因为发展中国家和落后地区的经济发展首先表现为推进和加速工业化进程。在工业化进程中，工农业的发展需要更多的能源和原材料消耗，而对矿山、石油等自然资源的开发需要投入大量的建设资金，还有负担沉重、任务艰巨的交通、通信等基础设施建设需要投入大量的资金。因此，提高区域内资金积累能力，建立健全资金市场，创建良好的投资环境，吸引更多的区外、国外资金，便成为区域经济发展的一个重要问题。

3. 牵动性要素——市场

市场对区域经济的作用和影响，已使其成为一个重要的区域要素。市场凝聚了供需之间的联系，用价格信号来展示供应流动和需求流动的情况，并利用供需之间的持续反馈，对地区的经济进行调控，并且这种调整效应是全方位的，市场要素对地区经济的拉动效应主要体现在三个层面上：

第一，它是联系地区内部和外部要素流动的纽带，既可以调整地区内和外部要素之间的缺额，实现地区内部和外部要素之间的互补性，又可以拉动地区要素的增长，进而推动区域经济的发展；

第二，它与区域经济的多元化发展相一致，为地区不同产业、不同类别的经济行为提供多元化的市场环境，形成不同层级、不同方向的牵引作用。对于区域经济的多样发展和区域内各种优势的发挥，起到了积极的牵动作用；

第三，该地区的市场规模与容量表现出了极大的潜力，并将以多渠道方式渗透到地区经济生活的方方面面，因此，在一定程度上激励着地区内、外投资者在内部和外部两个层面上提高自身的活动能力，进而整体上影响区域经济的发展。市场对区域经济活动的影响具有多层次、多类型和多方位，这使得它在区域经济中的地位越来越重要。

4. 制动性要素——组织与管理

区域经济的组织与管理对区域经济活动发挥着引导、控制和调节的功能，这些功能不仅反映了人对区域经济活动的适应性，也反映了在人的意志下，区域经济活动的发展。组织和管理是一种来自较高层次的、贯穿于地区经济各层面和各环节的制约因素。

区域经济的组织与管理对区域经济活动产生的影响作用，它的首要内容就是区域经济发展规划和计划。区域经济发展计划是一种大跨度、长时间的发展计划，它包含了从资源的开采到各产业的发展，从生态、人口到社会和文化的发展，从农村聚落到城市系统的分布，从整体的建设规模到重大工程的时间安排。前者作为区域经济发展规划的基础，后者作为区域经济长期发展的总纲。区域经济发展规划是一项全局性、长远性和指导性的计划，它涉及在规划期内，区域经济和社会发展的总目标、总任务及实现总目标、总任务的关键性对策。这是一个地区长远发展的战略规划。地区发展规划既包含了相关重大工程的执行情况，也包含了保障其执行的各项政策和措施。前者作为区域经济发展规划的基础，后者作为区域经济长期发展的总纲。科学的规划和合理的计划对规划期内区域经济活动起着引导和控制作用。此外，区域经济运行的调节。区域经济的组织与管理，不仅要面向未来规划、计划区域经济发展蓝图，而且要在规划和计划的基础上，对区域经济运行进行调节，使区域经济活动能够沿着预期的目标持续、健康地运行。

组织和管理对区域经济的调控有两种基本类型，即硬性调控和软性调控。硬性调控，指的是组织和管理的制度调整，不同的组织和管理制度对地区经济运作有着差异化的需求，因此会产生出相应的调节效果；所谓的软性调控指的是在组织和管理中的暂时调控，这是对硬性调控的一种暂时矫正和修理，从而让地区经济运行不脱离制度所规定的轨道。在通常情况下，硬性调控与软性调控是并存的，如果能将两者结合起来，充分利用好这些方面的优势，就可以将地区内的生产要素和生产单位（如公司、企业、商店、农场、农户等）引导到一个更加合理、更加有效的综合水平上。

三、区域经济的特征

区域经济客观上存在着差异性，这种差异性从地理学的角度讲，是由于自然资源和自然条件的不均匀分布造成的，这也是形成区域经济差异的基础原因。如果从经济学的角度来分析，以下三个方面的特征是造成区域经济差异的重要原因。

（一）生产要素的不完全流动性

在一个地区的经济中，自然资源和自然条件，如土地、矿藏、地形、水文和气候，都属于非流动性的生产因素，而且它们的分配并不是均衡的。正是由于上述因素具有不流动、不均衡的特点，使得与上述因素有关的生产行为只有在上述因素丰富的地区才有可能形成专业化的生产，而这正是李嘉图理论所具有的独特优势。若生产要素拥有充分的流动性，那么按照新古典的“规模收益递减”法则，将会造成要素供应的均衡，各个地区的生产要素价格、生产成本趋于均衡，从而造成了地区间经济发展差异的收敛，从而消除了地区经济的差异性。生产要素具有不完整的流动性，我们可以从下列三个角度来理解。

第一，某些生产因素，如自然资源，与地面有着非常紧密的附着性，正常情况下是不可能自己移动的。在科技进步的今天，不能流通的要素虽然也能“流动”，如在我国北部，设施农业就是对生态环境进行“再造”，但是，要使不能流通的要素“流动”，其代价是巨大的。相对地，某些要素如劳动力、资本、知识、技术等具有更大的流动性或外溢性，因此又被称作“可流动要素”。

第二，一些具有高度流动性的生产因素，在某些情况下，其流通受到了极大地制约。由于各国在政治和经济体系上存在差异，所采用的政策也存在差异，这就成为国际生产要素流动的阻碍因素，通常情况下，在一国之内，虽然在每个区域中，国家宏观政策都是一样的，但是由于区域间的利益关系，在实施国家宏观政策的时候，总是会有一些偏向。在中国，以“放权”和“让利”为核心的经济制度的变革，使得当地政府成为地区经济发展的主要动力，但是为了自己的当地利益，这些当地的政府往往会采取一些保护主义政策，或者采取一些限制资本、技术和劳动力向外流动的措施。

第三，不同的民族，不同的风俗习惯，不同的宗教信仰对生产因素的流向也有一定的影响。总体而言，由于生产因素的不完备性，导致一国的经济活动无法实现在空间上的均衡，从而成为地区经济差异化的客观物理依据。

（二）经济活动的不完全可分性

经济活动的一个重要特点就是它具有不可分割的性质，它和其他的各种经济活动有着密切的关系，而且这些关系总是在某一特定的区域内。

第一，很多生产流程可以按照工艺方式分成多个流程，但是由于成本的原因，很难将各流程进行精确的空间分割，使其在不同的场所进行生产。

第二，当一个公司的规模扩大到了一个相当大的范围后，它能使每一种商品的价格降低，从而使其经济效益得到很大的提升，这种现象称为“规模经济”。为了达到企业层次上的规模效益，各种生产过程都需要在一定的空间区域内进行集聚。

第三，大量的公司集中在一个地方，能够得到集聚的经济效益。经济活动的集合，使得个人商业分享地方上不同的基础设施，以及支持工业所提供的专业服务：因为技术外溢效应，企业间能够进行模仿、学习，从而减少学习成本；企业与人员的集聚有利于区域内高效的劳动市场的形成。

第四，企业集聚能够节约很大一笔交易费用。经济活动之间的交易内容是多种多样的，包括了物质的、非物质的、有形的、无形的、长期稳定的、不稳定的。当两个公司间进行贸易的物质或信息流在形状、质量、密度等方面具有标准化，或者在时空上具有可重现性和稳定性，那么两个公司间的贸易费用就会降低，由于是一次达成的长期协定，就不需要反复地进行谈判。

如果企业之间的交易在时间和空间上经常会出现改变，而且交易的物质或者信息流动也不是统一的，那么由于企业之间很难形成长久而稳固的联系，因此，交易费用会很大；当两个公司之间没有进行特定的物资或信息的贸易，而且无法通过简单的订购或纵向指令来进行贸易，那么这时的贸易成本就达到了最大，由于这些都是个性化的、无形的、需要特别中介的买卖，所以通常被称为“公关”和“忍耐”的买卖。这种不能与客户建立长久、稳固关系的交易，以及一些需特殊“公关”或中间人的个人交易，都必须经常进行面对面的交流，因此，它们的距离越近越好，也就越有利于都市中央商业区的产生。可见，非经济性、规模经济、集聚经济以及交易成本的节省，都需要把所有的生产因素与经济行为集中到一个特定的区域，即经济行为不会在空间上任意地散布。很明显，经济活动这种不能分离的特点不能用不同的资源禀赋来解释。

（三）创新能力的区域局限性

新增长理论认为，知识的累积是一个国家的最重要的增长来源，因此，通过加大研发资源的投资来提升其知识的累积速率是一个重要的路径。我们可以看到，纵向效应下的专业知识既是被排斥的（其他公司不能享用）又是被竞争的（其他公司需要付出很高的成本来享用），正是由于这些排斥的、竞争的专业知识累积上的差异，以及导致的要素回报率上的差异，导致了发达与不发达之间的经济发展差异。

但是，专业知识的积累和创新之间存在着密切的关系，专业知识的积累越多，创新发生的次数就会更多。相反，一个地区的技术水平高，那么这个地区的专业知识的积累也就会更多。但是，这种专业化知识的独占性和竞争性不能从外界获得，因此，它的创新依赖于对原有知识的积累，也就是创新能力自身也依赖于原有的创新能力，同样也是一种排他和竞争性的方式。正是由于其独特的独占性和竞争性，所以当其成为一个创新中心后，就不容易向其他地方迁移，其地域限制很大，是一个区域经过漫长时间的知识累积而成，如果没有社会变革、政治因素等，或者通过一些特别的优惠政策，可以把那些拥有很高的人力资本的人才迁移到新的地方去。例如，在改革开放之后，深圳经济特区实行了特别的优惠政策，从四面八方吸引了大量的优秀人才，使得一个小小的渔村迅速发展成为一个全国一流的科技创新中心。

同时，也存在着一定程度的技术外溢现象，这些技术外溢能够有效地减少其他公司的学习费用，促进公司的技术创新。利用技术外溢，公司可以不需要通过市场交易的方式来获取信息。在目前的法律环境下，信息的创建者和拥有者不能禁止其他公司使用这些信息。虽然知识与技术的外溢具有自发性，但其外溢不是整体外溢，而是局部性外溢，即外溢的程度随着区域外溢程度的降低，外溢程度随着区域内溢程度的增大而减小，外溢的数量与规模随着时间的推移而减少，外溢规则被称作“知识与技术外溢”。虽然有些知识和技术能够外溢，但是，这些外溢仅限于原来的创新中心所在的特定的空间，对于更遥远的地方，外溢的效应强度非常弱。可以看出，创新能力的区域局限性是形成区域差异的主要原因之一。

第二节　区域经济系统认知

区域是一个系统，用系统科学理论和方法研究区域运动规律，探讨区域发展和可持续发展途径，是区域经济学最新的发展方向。

所有的地区都是由自然环境系统和社会经济系统相互联系、相互制约而形成的一种复合系统——自然—社会—经济系统，它是一个巨大的开放系统。它是由人口、环境、资源、产业等许多子系统组成，具有一定的结构并能实现一定的功能的整体，是一个在空间中存在、在时间中发生改变的动态系统。它既受到内部和外部条件的影响，又受到其本身所具有的相对稳定与阶段更迭的规律性的影响。

一、区域经济系统的构成

区域经济指的是在各种类型的地区中所组成的一种经济体系，其覆盖了国民经济的所有部门，如文化、农业、工业、教育、交通运输、金融、邮电通信、科技、卫生、城镇、国家机关和人民团体等。上述各行业并非单纯的机械式叠加，它们是一种具有内在关联的区域生产性复合与国民经济发展的复合体。本文认为，区域经济是指在特定的自然条件（包括自然资源）与社会、经济等方面所形成的一种经济体系。[①]

“经济圈”并非一种抽象的范畴，而是一种具有丰富物质性的“经济圈”与“社会圈”。一个地区的经济主体是一个以农业、工业、建筑业、交通运输业和商贸服务业为主体的地区单位。在一个经济圈中，各个行业都是相互关联、相互约束，一起推动着经济圈的发展。根据系统科学对地区经济体系进行研究，其中最主要的就是地区的行业组成和地区组成。

（一）区域经济的产业构成

在区域产业构成研究中，传统计划经济首先强调工业和农业，或农业、轻工业和重工业层次，其次是农、工、建、交、商五大物质生产部门；市场经济则重视第一、第二、第三产业之间的关系。下面简要说明农业、工业、交通运输业和其他第三产业在区域系统形成中所发挥的作用。

① 孙久文．区域经济学：第 4 版［M］．北京：首都经济贸易大学出版社，2017．

农业是一个地区经济的基本部门，它不但供养着地区的人民，给人们提供粮食、油料、蔬菜、肉、蛋、奶等基本生活资料，而且它还为发展工业提供了原材料，给工业产品提供了巨大的市场空间。在近代工业化进程中，农业也在持续地向现代化迈进。尽管农业的地位有所降低，但是，农业的规模还在继续扩张，在经济区域的形成和发展过程中，农业的作用还很重要，具有其他工业无法取代的重要作用。在经济圈的发展过程中，农业的功能是解决地区内部的农副产品和轻工业食品的需要，通过专业化的生产来满足区外部的需要。

工业是整个社会中最重要的行业，也是一个地区最重要的物质行业和基础结构。工业是资本积累的主要来源，是生产资料的唯一生产部门，是生活资料的重要生产部门，它为农业、运输业、通信业等提供了设备。从这个意义上讲，没有现代化的工业，就不可能有一个经济圈。经济区域是在产业部门进行了大分工，并出现了产业地域专业化之后，才逐步形成的。现代工业有许多不同的行业，但并非每一个行业都在同时发展，而是要根据各个地区的具体情况，将自己的优势发挥出来，重点发展几个大行业，并将其作为一个重点行业来发展。与此同时，由于其产品与其他产业以及城市之间的发展，一般经济区域的主要专门化部门通常都是以工业部来进行交换，利用该地区的现代工业来促进农业、交通运输业的发展，因此可以看出，工业在经济区域中起着支柱的作用。工业又是城市的重要物质内容，有很多现代化的城市，就是靠着近代的工业而建起来的。

交通运输业在实现劳动地域分工和经济区域形成发展中起到了非常重要的作用，是实现部门分工和地域分工的保障，是进行经济联系的桥梁。它是指以某一经济地区为中心，将某一地区的国民经济各部门联系起来，并形成一个有机的整体。而区分不同的经济区，并形成不同的特色，从而将不同的经济区紧密地结合在一起，就需要依靠交通运输。交通运输在一个地区的发展，直接关系到一个地区的工业、农业、城镇的发展。经济发展较好的地区，交通运输业发展较快；相反，在落后地区，其交通运输通常也比较落后。而交通运输则通过各种线路、港口和枢纽，实现了城市和农村、工农、区域内和区域外的密切联系。所以，交通运输可以说是一个地区的网络，是一个地区的生命之源。

除了交通运输业之外，其他第三产业（服务性部门）都直接服务于农业、工业、建筑业和人民的物质文化生活，因此，它们在经济区域的形成与发展中，也是不可或缺的重要部门。第三产业对提高区域经济内涵，促进区域经济协调发展，促进产业结构的优化，加速区域经济增长，具有十分重要的意义。在这当中，商业将发展经济、保障供给作为自己的目标，将流通做好，从市场的需要入手，协助国民经济生产部门生产更多、更好的适销对路商品，确保能够满足人们的物质和精神生活的需求；邮电通信业是国民经济中传输信息的一个重要部门，它可以提供快速、高效、优质的各种通信手段，从而减少了时空的距离，节约了社会的劳动时间，把社会生产、交换、分配和消费的各个环节都进行了有机的连接，为经济的发展和人们的生活提供便利；城镇与乡村建设，是城市经济发展的重要空间，是城市与乡村之间联系的纽带与桥梁；为国家发展培养各层次的人才，为国家的发展提供人力储备；科技为工农业等部门的发展提供支持和尖端技术；卫生为工人提供健康护理和医疗服务；作为一个上层建筑，政府机构担负着对经济和社会进行管理的责任。在一个经济地区中，第三产业主要是以一种集中的方式进行分布的，而且大部分都是在城市中进行的，它可以通过各种各样的网点来直接地为各个部门以及城乡的人们提供服务。在一个经济圈中，工业、农业、建筑业的发展对第三产业的发展起着决定性的作用。同时，对工业、农业、建设也有很大的推动作用。

（二）区域经济的地域构成

在区域经济体系的空间结构上，存在着“中心城市－城镇－乡村”与“中心城市－近郊－远郊－乡村”两种典型的空间结构。这两个模型构成了一个复合的分层复合模型。

城市作为经济地域的中心，在该地域中起着重要的组织、集散和信息传递功能。城市也是特殊的经济区域，工业、交通运输业及其他第三产业都在城市内，而城市的发展又不能脱离郊区的农业。一个地区中心城市的发展程度与其所处的特殊行业，在很大程度上反映了这个地区的生产力发展程度及其特殊行业的特点。因此，城市在区域经济圈的形成和发展中具有举足轻重的地位。城市是一种与广大乡村不同的经济实体，它存在于经济区域中，在地理分布上呈点状，不同于乡村和农业分散分布的形式。在持续推进农业现代化、新农村建设的同时，城乡之间的差异也在逐渐缩小，而在经济区域内，中心城市的组织和核心地位却没有发生变化。

二、区域经济系统的功能解析

功能是指一个系统所具有的外部行为能力，它是一个系统的内在属性。从系统理论的角度，认为系统结构是一个系统的内在组织，它是系统中各构成元素之间的联系与相互作用的模式；而系统功能是制度与外部环境交互作用的能力，是系统动态的外在体现。区域经济系统的结构和功能之间存在着紧密的关系，可以说，某一体系的结构就对应某一种功能，而结构又决定了该系统的功能。

通常所说的经济发达地区、经济欠发达地区、经济不发达地区的划分，生态环境恶化地区、生态环境脆弱地区、生态环境良性循环地区的划分等，都是从系统功能的角度来划分的。

区域经济体系的结构决定了其功能，而功能又反过来影响其结构。前者以上海为例，由于其坚实的科技经济基础，加上各个行业和部门之间逐步建立起的物质交换和技术合作关系，使得上海拥有了较强的加工能力、进出口能力，以及对国外先进技术的引进和消化能力；而后者以深圳为例，则被赋予了“开放窗口”的地位，并以政策优惠、人才引进、基础设施加快为手段带动了外经外贸产业的发展，促进了涉外产业之间的沟通与合作。

三、区域经济系统的特点与运行规律

（一）区域经济系统的主要特点

1. 整体性与层次性

（1）整体性

区域经济是一个相互联系、相互影响、相互依赖、不可分割的有机整体。从系统的整体来看，任何一个地区经济系统的整体都是较大地区经济系统的一部分（也就是子系统），并且具有较大地区经济系统的特征。一国的国民经济系统是一个综合的大系统，它包括了许多地区和行业。在国民经济这个大系统中，每一个地区经济系统都是一个独立的子系统。因此，在地区经济发展的进程中，必须统筹全局，进行整体规划，整体发展，才能获得“整体大于部分之和”的系统工程效果。在一个地区的经济发展中，不能搞分散，不能搞孤立。

（2）层次性

在一个地区经济系统中，经济资源的分配方式或者说生产分配方式可以很好地反映地方层次，也就是全国生产布局、省域生产布局、市域生产布局、县域生产布局以及纵向结构性，即产业结构的层次性，如三次产业结构，即农业、轻、重结构，第一产业内部的农、林、牧、渔结构，第二产业内部的轻、重结构等。每一个层面都与生产、分配、交换和消费过程相对应，并与科学技术、文化、教育、人口、资源和环境相对应。每一层级系统的运作与发展，都会对其他系统产生影响。所以，在进行区域经济发展的过程中，最重要的是要对其进行系统分析，并进行综合考量，将战略目标、战略重点、战略布局等进行逐级分解，使其能够根据当地实际情况，进行整体平衡的安排。

2．复杂性与综合性

（1）复杂性

区域经济体系的复杂性主要体现在以下四个方面：一是系统的多元性，即构成整个区域经济体系的各种因素，包括自然因素、经济因素和社会因素；二是系统的多层次，即生产布局的多层次、多空间结构的多层次；三是一个系统的多维特性，也就是一个系统的状态变量具有多维特性，对于一个系统的多个质点来说，要描述它的状态，就必须有三个坐标，三个动量，一共六个变量，一个系统有几个层面，就必须有几组变量来描述，而要描述各个层面之间的关系，就必须有更多的变量；四是系统的多向性，即构成区域经济的诸多要素中，有相当一部分都是不可逆的非线性交互体系，这些非线性交互作用使该体系具有多向性。在进行区域经济开发时，必须注意到这一问题的复杂性，并结合当地的具体情况，做到因地制宜、分类指导、合理布局。

（2）综合性

区域经济无论是从自身还是从发展过程来看，都呈现了一种显而易见的综合性，具体来说就是：区域经济发展具有综合的特点，包括对资源的利用，对区域经济发展的规划，对环境的保护，以及对指挥体系的运作等。因此，在开展区域经济发展工作时，必须坚持系统的综合观点，对区域经济发展的自然、社会、经济条件进行全面的分析和评价，对各类生产关系进行全面的协调，对各类生产要素进行全面的配置。

3. 开放性与动态性

(1) 开放性

地区经济总是处于不断发展变化中，它是一个开放的系统，系统与周围环境、系统与要素之间、系统与结构和层次之间，都存在着相互联系、相互作用的关系，进行着物质、能量和信息等的交换和转化，并且这种相互交换和转化的影响是无止境的。加快区域经济社会的物质、能量和信息的交流，使区域经济社会可持续、健康、快速地发展。

(2) 动态性

区域经济系统的动态特征体现为其在时空上的相互作用。随着时间的流逝，这个系统无论在空间的布置上还是在物质的数量上，都在发生着变化。例如：工业、农业、交通运输、通信等部门的关系均是处于动态变化之中的；一个地区经济体系与其外部环境，也就是一个地区的经济体系与其所处的自然环境之间的关系是一个动态的过程。所以，在进行区域经济发展的过程中，必须对系统的动态变化有一个持续的了解，并以此为基础，对产业结构、生产布局、区域经济发展的方向和速度等进行合理的调整。

（二）区域经济系统的运行规律分析

1. 发展要素的空间配置规律分析

通常情况下，区域经济系统的要素可以被划分为两种：一种是经济发展要素，另一种是空间构成要素。发展要素空间分配是指各地区经济发展所需的要素在不同地区间的分配问题。由于资源的相对匮乏，以及资源禀赋在空间上的差别，导致资源的空间分配问题。它可以从以下两个角度来理解：一方面，资源的供应是有限的，也就是说，资源的供应是稀少的，而经济活动则是由人们为战胜资源稀缺性所进行的各种努力和实践而产生的；另一方面，资源在空间上也呈现不平衡性，各地区的资源禀赋差别很大，并且一些资源如矿产是很难移动的。

2. 发展要素的组织与联系规律分析

在地区经济系统中，发展要素的运动是以要素的组合为特征的，它既有自身的稳定性，又有自身的连续性。内部稳定是一个地区经济系统在一定空间范围内的运动，是指以专业行业为中心，由各个生产要素所构成的经济联系、组织与结构。这样的组织和结构，体现了以区域共同利益为基础的经济活动之间的内在关系。因为这种紧密的经济关系，区内的经济活动呈现地方性的特征，呈现同质性，这也是区域经济运作与国民经济运作不同的一个主要特征。区域经济是一种有特色的国民经济，其原因就在于，不同的区域经济，它们之间的联系方式也不尽相同。连续性意味着经济活动之间的联系是不中断的，并且随着地区专业化行业的改变而改变。

3．空间结构优化和演进的规律分析

开发要素在空间上的分配与流动，构成了地域空间结构格局，并推动其优化与演化。空间结构是区域经济系统、经济发展要素运动落脚于地域上的表现。从静态上来看，其基本形式是“中心－周边”二元结构。按照西方空间结构学说，中心－边缘结构是极化－弥散作用的结果。这说明了经济发展的本质是一种不平衡的空间发展。地区的空间结构是地区经济发展的不平衡过程。从动态的观点来看，由于极化和扩散的作用机制，经济的空间结构不可能在很长一段时间内维持不变，它将伴随着地区经济的发展而变化，并在不断地优化、演进，即经济活动的地理过程具有特定的指向。

4．区域非均衡协调发展规律分析

区域经济系统运行的基本目标是维持系统整体规模的不断扩大，同时推动系统质量的不断提高，也就是系统结构的不断优化与升级。也就是说，在维持国民经济有效运行、适度增长的同时，也要促进不同地区之间的经济协调发展、共同繁荣，这就表现出了地区间不平衡、不协调的特点。

第三节　区位与发展条件

一、区位和区位条件

任何一项经济活动都可以在区域的空间网络上找到自己的位置，从而加入区域系统之中去，区位和区位条件研究的是经济活动在区域空间网络中的状态。

（一）区位和区位条件的概念

区位是指一项经济活动或经济景观（如工厂、城市建筑物、码头、机场，等等）在区域空间中所占据的位置，是地球上某一个具体的位置，可以用空间坐标来表示。这里还有一个概念就是相对区位。相对区位指的是区域内景观之间的位置，即一个景观相对于另一个景观的位置。

区位条件是由影响区域经济发展的重要的自然要素和经济要素构成的对于一项特定经济活动的条件，它包括这些要素的绝对位置和相对位置。优越的区位条件有利于产业和人口的聚集，从而必然会加快区域经济的发展进程。例如，地处平原地区的大江大河两岸的区域、沿海地区等，借助于肥沃的土质、平整的地貌、方便的灌溉条件，使农业生产快速发展，并利用优越的交通条件，发展商品贸易，从而加快了经济要素的聚集。现代工业发展之时，总会选择具有良好区位条件的地区进行工业布局。

（二）区位选择

区位选择是指由于区位因素的影响使企业的空间位置选择产生一定倾向性的行为。由于外部规模经济的存在，一定数量的企业聚集，对一个区域的经济发展会产生决定性的影响。所以，区位和区位因素是区域经济的微观基础。

1．区位因素的构成

区位因素的构成是十分复杂的。传统的区位因素包括作为生产要素的土地、劳动力和资本等。由于这些生产要素的不完全流动性的影响，空间上完全一样的区域几乎是不存在的，区域经济的产生是区位因素多种组合的结果。

在市场经济条件下，市场的作用表现出强大的势头，其作用的范围和强度都超过传统的区位因素，使区域经济的市场经济特性表现得十分明显。在一定的市场范围内寻找生产成本最低的企业区位，是产业布局的基本规律，而何处的生产成本最低又决定于当时当地的基础设施建设的状况。

2．区位因素的优劣

衡量区位条件优劣的主要依据是该地的交通状况。如果沿海沿江区域本身就是交通枢纽地区，航运与陆路运输方式形成良好的结合，就可以为这些地区的经济繁荣提供关键的发展条件。这种良好的区位条件，有利于区域贸易和区内、区际合作，有利于实现资源的有效配置和生产效益的最大化，从而拉动区域经济的发展，促进区域发展水平的提高。有效利用良好的区位条件，有利于产业和人口的聚集，从而也会加快区域发展的进程。区域化的过程，是生产要素或资源向优势区位运动和集中的过程，选择具有优越区位条件的地方建设和发展区域，是从区域发展的起始时候就打好了可持续发展的基础，是创造区域发展的先天条件，而优越的先天条件比后天的改造要好得多。

（三）区位决策

区位决策是一个区位选择的过程，是决策的主体通过考虑某地区的区位条件所作出的企业位置选择的过程。在市场经济条件下，企业主体将从占领市场的角度出发，在一定的市场区内考虑资本、劳动、资源、技术等方面的条件，根据自身的要求作出区位选择。

影响区位决策的因素很多。产业结构的变化可以改变产业对区位因素的依赖程度；技术的进步和交通设施的完善，可以减弱流动性因素的影响程度；特别是劳动力素质的提高，对区位因素当中资本要素的影响很大，影响到资本要素的区域转移情况。

二、区位理论

区位理论，也称为“空间理论”，是一种研究人类活动的理论，包括产业、城市和区域经济活动的空间组织及优化。经济活动需要占据一定的空间，并在空间上形成一定的地理分布和移动。只有这种分布和移动比较合理，才能获得更好的经济效益。因此，区位理论与社会分工和经济发展密切相关。古典区位理论主要包括农业区位论和工业区位论，而近代区位理论则主要涉及中心地理论、市场区位论等。现代的区位理论则包括了大量内容，从运输区位论到新经济地理理论都属于区位理论的范畴。区位理论是一种重要的研究方法和工具，可以帮助我们更好地了解人类活动在空间上的分布和移动规律，并为经济发展提供指导。只有深入研究和应用区位理论，才能更好地优化经济活动的空间组织，提高经济效益，促进社会发展。

（一）古典区位理论

1826 年，德国经济学家约翰·杜能（Johann Thunen）的著作《孤立国同农业和国民经济的关系》的问世，标志着区位理论的产生。

1. 农业区位论

杜能“孤立国”理论进行了如下假设：①在“孤立国”中只有一个城市，且位于中心，其他都是农村和农业土地，农村只与该城市发生联系，即城市是“孤立国”中商品性农产品的唯一销售市场；②“孤立国”内没有可通航的河流和运河，马车是城市与农村间联系的唯一交通工具③“孤立国”是天然均质的大平原，各地农业发展的自然条件等都完全相同；④农产品的运费与重量及产地到消费市场的距离成正比关系。

杜能农业区位理论的核心内容包括两个方面。

首先，基于经济分析，杜能认为市场上农产品的销售价格是决定农业经营方式和产品选择的关键因素。同时，运输成本也是影响农产品总生产成本的重要因素。因此，在孤立中，农业生产成本、农产品市场价格和运输费用三个因素共同影响着经营者在单位面积土地上获得最大利润的能力。为了达到节约运费、最大限度地增加利润的目标，杜能提出了合理布局的方案。

其次，杜能提出了“农业圈”理论，即将不同类型的耕作制度构成的区域以城市为中心呈同心圆状分布。其中，自由式农业圈主要生产易腐难运的产品；林业圈供给城市用的薪材、建筑用材和木炭等；轮作式农业圈没有休闲地，在所有耕地上种植农作物，以谷物和饲料作物的轮作为主要特色；谷草式农业圈为谷物、牧草休耕轮作地带，其中只有一区为休闲地；三圃式农业圈是距离城市最远的谷作农业圈，将每一块地分为三区轮作；畜牧业圈则生产谷麦作物用于自给，而生产的牧草则用于养畜供应城市市场。这些不同类型的农业圈构成了一个完整的系统，通过合理的布局和规划，可以实现农业生产的最大效益。

杜能农业区位理论旨在通过经济分析和合理布局来提高农业生产效率和利润。其“农业圈”理论则是将不同类型的耕作制度构成的区域以城市为中心呈同心圆状分布，实现农业生产的最优化配置。通过这些理论和方案，可以为农业发展提供有益的指导和借鉴。

杜能提出的农业空间地域模型过于理论化，只考虑了假设前提而忽略了实际情况。为此，在《孤立国》一书中，他对自己的假设进行了修正，并指出现实存在的国家与“孤立国”有所不同（图 1-3-1）。例如，当有一条通航河流可达中心城市时，农作物轮作制将沿着河流两岸延伸。这样的修正使得他的区位图式更加符合实际条件。

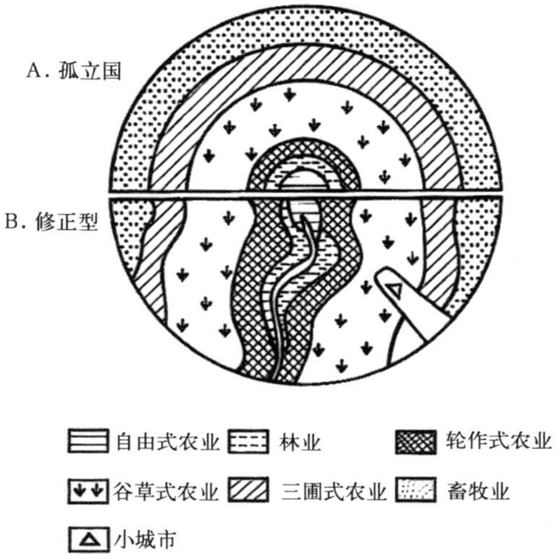

图 1-3-1　可通航河流和其他小城市对“孤立国”模式的影响

杜能的理论对后来的区位论研究具有重要意义。首先，他采用了抽象演绎的孤立化法，这种理论思维方法为后来的研究提供了借鉴。其次，杜能首次将区位和运输距离对人类经济活动的影响加以理论化和体系化，形成了一套完整的理论体系和研究方法。这一套理论体系和研究方法不仅适用于农业的土地利用，也对城市土地利用的研究具有重要的指导意义。因此，杜能的研究成果被广泛推广到其他领域。

总之，杜能在区位论研究中的贡献不仅在于提出了农业空间地域模型，更重要的是他对区位和运输距离对人类经济活动的影响进行了深入探究，并形成了一套完整的理论体系和研究方法。这些成果为后来相关领域的研究提供了重要的理论基础和方法指导，具有深远的影响。同时，他对自己的假设进行修正，使得区位图式更加符合实际条件，这也为后来相关领域研究提供了借鉴和启示。因此，杜能在区位论研究领域的贡献被广泛认可，他的理论思维方法和研究成果为相关领域的发展做出了重要贡献。

2. 工业区位论

1909年，德国经济学家阿尔弗雷德·韦伯（Alfred Weber）发表了一本名为《工业区位论》的著作，这标志着工业区位论的诞生。该理论的核心在于通过对运输、劳动力和集聚因素相互作用的分析和计算，找出生产成本最低点，进而确定工业企业的最佳区位。这一理论的提出，对于工业企业的发展和布局具有重要意义。

韦伯的工业区位论是基于现代交通运输基础的理论，通过一系列假设前提条件，使得他能够更加精确地分析和计算出最佳的工业企业区位。这种理论对于当时的工业发展具有重要意义，也为后来的地理学、经济学等领域提供了重要思路和方法。韦伯的工业区位论是建立在现代交通运输基础之上的。为了更好地探讨这一理论，他提出了一些假设前提条件：只考虑影响工业区位的经济因素，在一个均质的国家或地区内进行研究，其他因素如自然条件、政治制度、政策和技术水平等都相同。此外，工业原料、燃料等分布在已知地点且不发生改变；工业产品的消费地点既定，消费量不变；劳动力供给地已知且供给充足，工资率不变，但是不同区位的工资水平有所不同；生产与交易只讨论同一种产品；运费与距离及载重量成正比，以火车为运输工具。这些前提条件使得韦伯能够更加精确地分析和计算出最佳的工业企业区位。韦伯认为，通过考虑各种因素的相互作用，可以找到生产成本最低的区位，从而实现工业企业的高效配置。这种理论对于当时的工业发展具有重要意义，也为后来的地理学、经济学等领域提供了思路与方法。

韦伯对区位因子进行了分类，主要分为一般区位因子和特殊区位因子。一般区位因子是指那些对各种工业生产都有影响的因素，如运输成本、工资、地租等；而特殊区位因子则是只对某些特定工业生产有影响的因素，如气候、水质等。此外，韦伯还按照作用方式将区位因子分为了区域性因素、集聚因素和分散因素。区域性因素指那些影响工业生产在特定区位分布的因素，而集聚因素则是促使工业生产向特定地点集中的因素，而分散因素则是相反的。最后，韦伯还将区位因子按照属性分为自然技术因素和社会文化因素。自然技术因素指那些取决于自然方面素质的因素，如气候、地质条件、劳动力技术水平等；而社会文化因素则指那些与居民的生活方式、消费习惯、利息地区差别等相关的因素。这些分类方法可以帮助我们更好地理解和分析不同类型的区位因子对工业生产的影响，为制定合理的工业发展战略提供了理论基础。同时，这些分类方法也可以为我们提供更多的思路和方向，以便在实践中更好地应对不同类型的区位因子。例如：在考虑工业生产分布时，我们需要重点关注那些影响特定区域工业发展的因素；而在促进工业集聚时，我们需要考虑那些能够吸引工业生产向特定地点集中的因素；而在避免工业分散时，则需要注意那些可能导致工业生产分散的因素。此外，在制定工业发展战略时，我们还需要综合考虑自然技术因素和社会文化因素的影响，以便更好地适应当地的环境和市场需求。这些因素中只有通过一般区位因素才能确立工业区位的普遍规律。韦伯归纳出运输费用、劳动力费用和集聚效应为一般区位因子，其中运输费用对区位选择起基本定向的作用，而劳动力费用和集聚（分散）效应对区位起修正作用。

假设在一个市场和两个原料产地的情况下，市场和原料产地之间的连线将形成一个三角形。如果市场需要某种产品，生产该产品主要需要 M_1 和 M_2 两种原料，则在三角形内必有一点 P，是生产该产品工厂的最佳厂址，如图 1-3-2 所示。这就是著名的“韦伯区位三角形”。

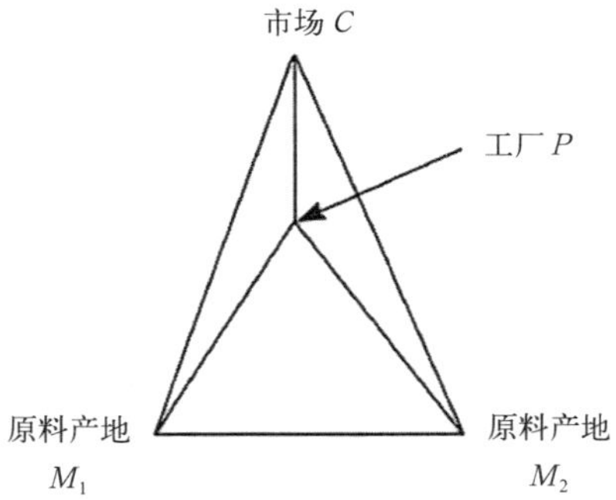

图 1-3-2　韦伯区位三角形

韦伯又将区位三角形一般化为区位多边形。因为一个工厂往往不只有一个原料地，他假定有 n 个原料地，将一个市场和几个原料产地之间用直线连接起来，就形成了一个多边形，韦伯将其称为“区位多边形”。

（1）运输成本对工业区位的影响

韦伯认为工业区位的选择取决于生产成本的大小，任何一个理想的工业区位都应该选择生产成本最小的地点。为了使工业生产成本最小，就必须尽量减少运费，这就涉及运输距离以及原材料的情况，除了运输里程外，原材料的性质往往对工业区位的选择具有决定性的意义。韦伯对原材料进行了分类，将其分为遍布性原料和地方性原料。遍布性原料是指那些无处不在的物质，如水、空气等，它们对于工业区位选择并没有太大的影响。而地方性原料则是指只存在于特定地点的物质。这些地方性原料又可以根据它们在加工过程中转移到成品中的重量与废弃物重量之比，分为失重原料和非失重原料（纯原料）。这种分类方法有助于我们更好地了解不同类型的原材料对于工业生产的影响。同时，也提醒我们在选择工业区位时需要考虑原材料的可获得性和成本，以及加工过程中产生的废弃物处理问题。这样才能更有效地利用资源，降低生产成本，实现可持续发展。在加工过程中只有部分重量转移到产品中，其他部分作为废料或下脚料而损失掉的原料称为“失重原料”，如铁矿石等；在加工过程中可以把全部或大部分重量转移到产品中去的原料称为“非失重原料”。在制定工业区位规划时，需要充分考虑原料的地方性特征。如果工业使用的原料具有广泛分布的特点，那么就应该优先选择靠近市场的区域，以便更好地利用当地资源和降低运输成本。而对于失重原料，则需要在接近产地的位置建立工厂，以便更加高效地获取这些重要的原材料。对于非失重原料而言，工业区位选择则相对自由，可以根据市场需求和资源分布等因素进行灵活调整。此外，在制定工业区位规划时还需要考虑其他因素，如交通、环保、用电等方面的条件。只有综合考虑各种因素，才能制定出最优的工业区位规划，为企业的发展提供有力支持。

为了判断工业区位到底是指向原材料的还是市场，以及指向的强烈程度，韦伯提出了原料指数（MI）的概念。

原料指数（MI）= 生产中耗用的地方性原料的重量 ÷ 制成品的重量

当 MI>1 时，工业区位是原料地指向；当 MI<1 时，是市场指向的；当 MI=1 时，是自由指向的。用原料指数确定区位选择，对于只有一个原材料地和一个市场的情况是简单且切实可行的，但是在多数情况下，工业生产的原料、燃料与市场分散在许多不同的地点，这时显然不能单纯根据原料指数来选择区位。对此，韦伯又提出了用区位多边形求引力最大的方向来决定。为了方便，他通常用区位三角形来说明求解方法。

（2）劳动力成本对工业区位的影响

韦伯在探讨工业区位模式时，不仅从运输成本的角度进行了分析，还对影响工业区位的第二项因素——劳动力成本进行了深入研究。他认为，劳动力成本是导致以运输成本确定的工业区位模式产生变化的重要因素之一。所谓劳动力成本，指的是每单位产品中包含的工人工资额或劳动力费用。韦伯认为，在特定区位下，当劳动力成本（工资）对于工厂配置更有利时，可能会导致一个工厂离开原来运输成本最小的区位，并选择移往劳动力成本更低的地区建厂。这种情况下，前提是在工资率固定、劳动力供给充足的条件下，工厂从旧址迁往新址所需的原料和制成品运费小于节省的劳动力费用。

韦伯采用了单位原料或单位产品等运费点的连线，即等费用线的方法来分析具体选择工厂区位。同时，他还考虑了劳动力成本指数（每单位产品的平均工资成本）与所需运输的原料和成品总重量之比，即劳工系数对于工业区位模式的影响。

总之，韦伯的研究为我们深入了解工业区位模式提供了重要的理论基础。他认为，运输成本和劳动力成本是影响工业区位选择的两个主要因素，而在特定情况下，劳动力成本可能会导致工厂迁移至新址。通过对劳动力成本的分析，韦伯为我们揭示了工业区位模式变化的内在机制，为企业选择合适的区位提供了理论指导。同时，他采用等费用线和劳工系数等方法进行分析，使得研究更加具体、实用。这些研究成果对于工业区位的规划和布局具有重要意义，为促进地区经济发展提供了理论支持。

（3）集聚与分散因素对工业区位的影响

集聚因素是指促使工业企业向某一特定地区集中的原因，可分为一般集聚因素和特殊集聚因素。这些因素主要通过以下两个方面影响工业企业的经济效益。首先，生产或技术集聚，也称为“纯粹的集聚”。它对工业效益的影响主要有两种方式：一是由于工厂企业规模的扩大而带来的经济效益提升；二是在同一工业部门中，企业之间进行协作，使得各个企业在地理位置上集中，并且实现分工和流程化生产。其次，社会集聚也被称为“偶然集聚”，是由企业外部因素引起的。这种集聚原因包括两个方面：一是大城市的吸引力、交通便利以及丰富的矿产资源等因素促使工业企业向该地区集中；二是一个企业选择与其他企业相邻的位置，以获得额外的利益。

需要注意的是，在工业企业集聚过程中，这些因素之间相互作用、相互影响。例如，生产或技术集聚可以促进社会集聚，而社会集聚也可以加速生产或技术集聚。此外，不同地区的集聚因素也可能存在差异，需要根据具体情况进行分析和研究。

韦伯认为，生产集聚是普遍存在的集中因素，而社会集聚则是特殊的外在因素。前者是固定内在因素，后者则是偶然的外部因素。当我们讨论工业区位时，应该更加关注一般集中因素，而不必过于关注特殊集中因素。就像劳动力成本可以克服运输成本的引力一样，集聚因素也能够形成经济效益，从而导致工业区位的偏离和二次变形。相反地，分散因素则是不利于工业集中到特定区域的因素。有些工厂可能会选择离开工业集聚区，搬到或新建在工厂较少的地方。但这需要考虑集中和分散的比较利益。

韦伯的工业区位理论是经济区位论的重要基石之一，不仅是理论研究的范例，而且对现实工业布局具有非常重要的指导作用。他首次将抽象和演绎的方法应用于工业区位研究中，建立了完善的工业区位理论体系，为后来的区位研究者提供了方法论和理论基础。韦伯区位论最大的特点之一是最小费用区位原则，即费用最小的地方就是最佳的区位。这一经典法则仍然影响着后来许多学者的理论研究，他们只是在韦伯的基础上进行了修补。除了工业布局，韦伯的理论也对其他产业布局具有指导意义。特别是他的指向理论已经超越了原本的范畴，发展成为经济区位布局的一般理论。韦伯工业区位理论对于工业布局具有重要的理论指导意义，但随着技术进步和运输条件的变化，并不能解释所有的工业区位现象，也存在一定的局限性。因此，在实际应用中需要结合具体情况进行分析和判断。

（二）近代区位理论

1. 中心地理论

中心地理论是由德国地理学家克里斯塔勒（Christaller）提出的。他在其著作《德国南部的中心地——关于具有城市职能聚落的分布与发展规律的经济地理学研究》中，系统阐述了这一对经济地理学具有重大影响的理论。

中心地理论的假设条件包括：①研究区域为均质平原，人口分布均匀，收入水平和消费方式相同；②存在统一的交通系统，同等规模城市之间便捷性相同，交通费用与距离成正比；③厂商和消费者都是理性经济人；④货物可以自由流动，不受任何关税或非关税壁垒的限制。

在这些前提条件下克里斯塔勒讨论了市场的服务半径和市场区形状等问题。他认为，经济活动区域的发展必须有自己的核心，这些核心由若干大小不同的城镇组成。城镇在空间上具有某种经济力量，为周围区域的居民和单位提供货物以及商业、娱乐、教育、文化等多种服务功能，每个城镇大都位于它所服务区域的中央部位，它也是与外部联系的商业集散中心，因此称为“中心地”，由中心地所覆盖的区域称为“补充区”。距离是补充区发展的一个最主要的因素，它用时间和成本来度量，是一种经济距离。每个中心地都有自己的需求门槛和服务范围。所谓需求门槛是指某中心地能维持供应某种商品和劳务所需的最低购买力和服务水平。在实际研究中，需求门槛通常用能维持一家商业服务企业的最低收入所需要的最少人口数来表示。这一最少人口数被称为“门槛入口”。服务范围是指某中心地供给的商品和劳务能够到达的范围，克里斯塔勒将它定义为人们为获取中心地的商品和劳务而愿意跨越的最大距离。克里斯塔勒认为，对于某个独立的中心地而言，其总体费用最小而服务范围最大的最佳服务区域（市场区）为圆形。但是在一定区域内有多个中心地存在时，如果都采取圆形市场区布局，要么会出现各中心地服务半径都不能覆盖的空当，要么会造成市场区重叠，这时圆形市场就不能满足最佳服务的要求。根据周边最短而面积最大的原则和不留空当的弥合性原则，他提出最佳市场区图形应该是正六边形。

结合之前的讨论，中心地的商品和劳务需求门槛、利润和服务范围与其规模、人口密度、居民收入水平以及商品和服务种类存在密切关系。例如，在一个规模较小、人口密度低且居民收入水平不高的中心地，每个单位面积内的商品销售量和服务需求水平也会相应较低。而不同规模的中心地（如图 1-3-3 所示），其需求门槛和销售范围也各有不同。这些差异在空间上相互作用并受到人类经济活动的干扰，最终形成了有规律、有序的中心地——市场等级体系。因此，我们可以看到，中心地与其周边环境之间存在着相互作用和影响，这种关系是动态变化的，并且会受到多种因素的影响。

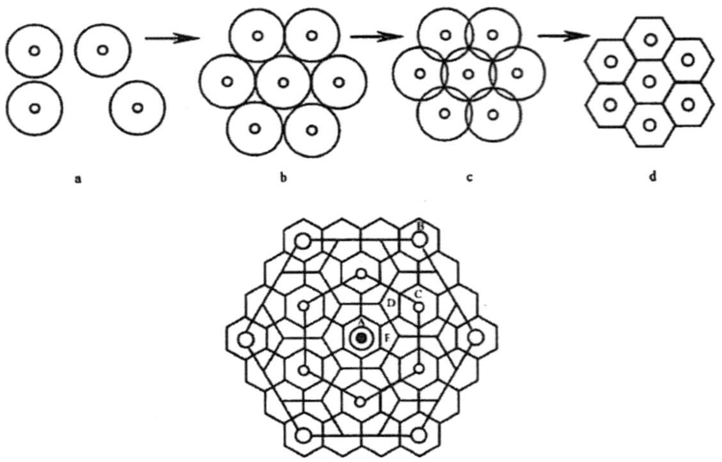

图 1-3-3　中心地理论市场等级序列图

就各个城镇而言，商业服务设施和商品种类的发展水平存在明显差异。大城市的商业服务设施和商品种类向高级发展，数量多且齐全；中等规模的城市则具有中高级或仅能维持中级水平，服务项目相对较少且不够完备；小城市则具有中低或只有低级水平，商品种类较少且不够全面；一般的城镇（如县城、建制镇）仅提供基本生活性商业服务，水平很低，商品种类更是缺乏。在城市内部，市级中心、区级中心和小区级商业服务中心也存在类似的差异规律。

不同的商业和服务行业，其经营品类也存在很多不同。有些行业提供的商品种类较多，而有些则相对较少；有些以高级为主，而有些则以低级为主。由于商品种类和质量等方面的差异，不同等级的商品和服务对应着不同的需求门槛和服务范围。一般而言，低级商品和服务售价较低，顾客购买频率高，需求量大、门槛低，销售距离短或服务半径小；而高级商品和服务则因其质量好、耐用、更新慢而售价较高，需要量相对较少，购买频率低，运费占售价的比重小。因此，其需求门槛高，销售距离长或服务半径大。我们可以按照地域将不同等级的商品和服务进行分类，并找出规律。高级商服中心提供从高级到低级的全部商品和服务，中级商服中心则提供从中级到低级的全部商业服务活动，而低级商服中心仅提供低级的商品和服务。需求门槛和服务范围也依次由高到低、由大变小。

克里斯塔勒的中心地理论是推动地理学由传统的地域个性描述走向对空间规

律和法则探讨的重要原因，也是现代地理学发展的基础。他首次将演绎方法引入地理学研究中，探索了空间法则和原理，这是地理研究思维方法的一次重大革命。因此，他被后人尊称为“理论地理学之父”。克里斯塔勒的中心地理论是城市地理学和商业地理学的基础，也是区域经济学研究的重要理论基础之一。该理论对于研究中心地与市场区域（也可看作腹地）之间的关系，以及研究区域结构具有指导价值。

总之，不同城镇和商业服务行业存在着明显的差异规律。通过按地域分类和等级划分商品和服务，我们可以更好地了解不同等级商品和服务的需求门槛和服务范围，以及它们在不同城镇中的分布情况。克里斯塔勒的中心地理论为我们研究城市发展、商业经济和区域结构提供了重要的理论基础，对于指导实际工作和决策具有重要意义。

2. 市场区位论

市场区位理论是由德国经济学家廖什（Losch）于1940年提出的，他在《区位经济学》一书中探讨了市场需求作为空间变量来研究区位理论。该理论与中心地理论相似，旨在寻找工业企业最大利润的区位。廖什的基本假设是在均质平原上，沿任何方向运输条件都相同，生产所需的必要原料充足且均等分布，在平原中均等地分布着农业人口，最初他们的生产是自给自足的且消费者行为相同，在整个平原中居民都有相同的技术知识，所有农民都可能得到生产机会。除经济方面的作用外，其他因素可不做考虑。

在这些假设条件下，廖什认为每个企业产品销售范围最初是以生产地为圆心、最大销售距离为半径的圆形。由于产品价格是需求量的递减函数，因此单个企业的产品总销售额是需求曲线在销售图区旋转形成的圆锥体（图1-3-4）。随着更多工厂进入市场，每个企业都有自己的销售范围，这导致了圆外空当的出现，即圆外有很多潜在的消费者无法得到市场供给。然而，这种圆形市场仅仅是短期的，因为每个企业都想通过自由竞争扩大自己的市场范围。因此，圆与圆之间的空当被新的竞争者所占领，圆形市场被挤压，最终形成了六边形的市场网络。这种理论与克里斯塔勒的中心地理论非常相似。市场区位理论是一种重要的经济学理论，它对企业在选择最佳位置以实现最大利润方面提供了有益的指导。

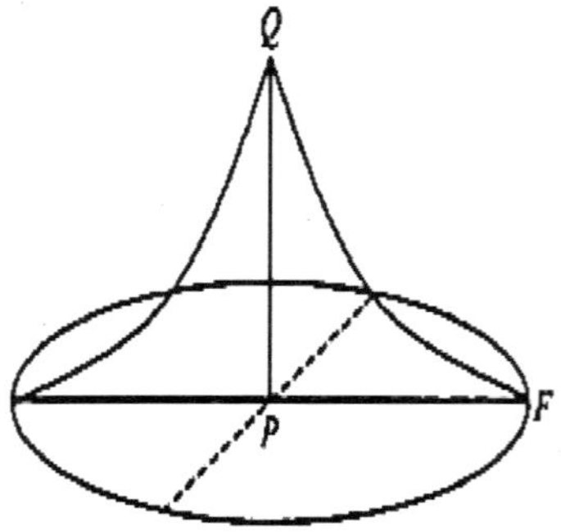

图 1-3-4　廖什的市场区域需求圆锥曲线

廖什假定在整个地区内人口分布均匀，因此每种工业产品的六边形市场区域大小相同，不同的工业产品就有不同的六边形市场网络，这些市场网络交织在一起，形成了以六边形市场区位为单位的蜂巢网络体系。

在这个复杂的市场网络中，每一种产品都得到生产，工业企业都聚集在一起，容易产生规模经济和外部效应，最终也会促使大城市的形成。所有市场网交织在大城市周围，而其他两个或更多一点的生产点集聚在一起，也会形成小城镇。城市形成以后交通线在工业区位中发挥重要作用，距离交通线近的一面发展条件较有利，距离交通线远的扇形面发展不利。工业和商业数量少，就形成了郊区的富裕区和贫穷区。当某个地方距离城市较远时，城市的吸引和扩散作用影响力很小，另一个城市可能就会兴起，或者这个地方会更贫穷。廖什认为，市场的分异和排列不是随意的，而是取决于利润最大化的经济原则。

廖什与其他学者不同的地方在于，他首次将需求作为空间变量来考虑。他反对韦伯及其后继者只考虑既定需求情况下成本最小或收益最大的方法，而忽略了需求变化对区位选择的影响。他认为，最佳区位应该是利润最大的地方，即总收益超出总成本最多之处。此外，廖什发现解决最佳区位问题不能只考虑个别厂商，还要考虑经济体内各厂商间的相互依存关系。这样，经济体内存在两个力的作用：一是个别厂商对空间的获取，二是其他经济单位对空间的再夺取。然而，所有方面的动机都是为了追求利润最大化。因此，区位将由这两个力量达到均衡点来决定。

在此之前，包括杜能和韦伯在内的学者都是以完全竞争为前提，研究个别厂商的局部均衡区位论。而廖什则首先用简单的方程组来描述这种相互依存关系带来的均衡，并进行了精确的论证。同时，他将自己的研究视野转移到新的研究领域，从不完全竞争的角度出发，研究一般均衡区位理论。他创造性地提出了一个抽象化系统，表达了所有区位相互关系，并将空间经济思想引入区位理论中。这也是廖什在方法上创新的主要贡献之一。因此，廖什的研究不仅考虑了需求变化对区位选择的影响，而且还将经济体内各厂商间相互依存关系纳入最佳区位问题中来。这种方法为我们提供了更全面、更准确地理解区位选择的方式，使我们能够更好地预测和解决实际问题。同时，廖什的研究也为区位理论提供了新的思路和方法，推动了该领域的发展。

（三）现代区位理论

自“二战”以来，人类社会的生产方式发生了翻天覆地的变化，社会生产力得到了前所未有的发展。尤其是从 1950 年开始，工业化和城市化浪潮席卷全球，几乎所有国家都受到了巨大冲击，旧有的社会经济结构和生活环境也发生了翻天覆地的变化。然而，这一时期也带来了一系列亟待解决的重大区域经济问题，特别是宏观方面的问题。因此，区位研究对象从单纯的地理位置扩展到了区域内的国民经济体系。区位布局的目的是寻求最优化的部门结构和空间布局，以促进区域经济活动的发展。同时，我们也必须考虑到社会、生态等方面因素，确保区域经济发展与之相协调。在这一背景下，空间区位理论和方法应运而生。这一理论不同于传统的区位理论，它更加注重对现代社会经济发展的适应性和实用性。通过研究区域内各种因素之间的相互作用关系，我们可以更好地了解区域经济活动的规律性和发展趋势，从而为区域经济的规划和管理提供科学依据。随着社会经济的不断发展，空间区位理论也在不断演进。我们需要不断地探索新的研究方法和理论框架，以更好地适应现代社会经济的需求和挑战。同时，我们也需要注重区域发展的可持续性，确保经济增长与环境保护、社会公正相协调。只有这样，我们才能实现区域经济的可持续发展，为人类社会带来更加美好的未来。

1. 成本—市场学派

成本—市场学派认为，确定合理的布局需要进行综合分析，特别是要考虑区位因素。该学派的代表人物包括美国区域经济学家沃尔特·艾萨德（Walter Isard)、瑞典著名经济学家贝蒂·俄林（Bertil Ohlin）以及美国经济学家雷蒙德·弗农（Raymod Vernon）等。

艾萨德从韦伯的成本理论出发，详细论述了运输量、运费率、劳动力对企业布局的影响，提出了替代原则；并且，他又通过市场区的分析提出了竞争布局模式。

总的来说，成本—市场学派提出了一般均衡理论，不仅研究了企业布局问题，还深入探讨了区域产业布局和整体产业布局。这种理论为我们提供了更全面、更系统的思考方式，使得我们能够更好地把握企业和产业的发展趋势。通过成本—市场学派的研究，我们可以更好地理解企业在布局过程中所面临的各种挑战和机遇，并为其提供科学、合理的决策依据。同时，这种理论也有助于我们深入地了解不同区域和整体产业的发展状况，为政府制定相关政策提供了重要参考。20 世纪 50 年代诞生的区域经济学的许多理论都来源于这一学派学者的理论。

2. 行为学派

行为学派认为人的主观态度和由此决定的行为视作影响产业布局的重要因素。该学派强调心理文化、消费者偏好等因素对产业空间活动的影响，提倡寻求最满意而非最佳区位。这种理论考虑和分析人的主观因素（如对环境的知觉和相应行为）进行产业布局，采用了对个体主观因素的群体客观分析法，并考虑了人的心理过程。英国经济学家邓尼森（Dennison）是该理论最早提出者之一，在 20 世纪 30 年代初，他批评了古典区位论，并认为韦伯等人的区位论忽视了心理社会联系的空间或地域分析，只是一种技术联系的空间或地域分析。行为学派将人作为区位选择的核心因素，认为随着现代企业管理水平和交通工具的现代化，人的地位和作用成为区位分析的主要因素。在该学派看来，运输成本将降为次要因素。在现实生活中，如果只考虑客观因素而忽略主观人为影响，则很难进行最优的区位选择。

3. 计量学派

计量学派的理论核心在于采用定量方法进行区位选择研究，以确保工业区位选择的可行性和准确性。这种研究方法是计量学派的基本特征之一。通过对大量数据进行收集、分析和解释，计量学派可以揭示出不同因素对于工业区位选择的影响程度，从而为决策者提供科学依据。此外，计量学派还注重建立数学模型和统计分析方法，以更加客观地评估不同因素之间的关系，并预测未来趋势。总体而言，计量学派是一种基于数据和实证的研究方法，其理论核心和基本特征都体现了对于科学性和准确性的追求。通过采用这种方法，我们可以更好地理解工业区位选择背后的规律和机制，为经济发展提供有力支持。基本思想是：因为关于现代区位的研究涉及的内容多、范围广、数据烦琐，人工已经不能很好地处理了，因此就必须采用定量的方法，建立数学模型，利用计算机、遥感分析等手段来处理数据和进行统计分析。

4. 社会学派

社会学派理论认为政府及其政策是影响区位选择的核心因素。除了政府政策、国防和军事原则、人口迁移、市场变化和居民储蓄能力等因素外，社会经济的变化也成为影响区位选择最主要的因素之一。政府需要密切关注这些因素的变化，并采取相应的政策措施来促进区域经济发展。其代表人物主要是克拉克（Clark）、劳斯贝（Lousby）、摩尔（Moore）等，他们指出政府可以利用行政的力量和信息，为了达到区域规划目标而合理布局区域工业等。

5. 历史学派

历史学派的核心理论是空间区位发展的阶段性。该理论特点在于将时间因素与空间因素相结合，从历史演化的角度分析区位选择。其基本思想是：前一时期生产力水平的发展程度会对现代区域经济发展产生影响，并使其呈现明显的空间结构特征。换言之，历史学派认为，一个地区的经济发展不仅取决于当下的因素，还与过去的历史演变密切相关。在这种理论框架下，研究者可以通过对历史时期的生产力水平、交通运输等方面的分析，来揭示一个地区经济发展的规律和趋势。同时，历史学派也强调了空间因素在经济发展中的重要性，认为不同地理位置所处的环境、资源条件以及与周边地区的联系都会对经济发展产生深远的影响。因此，历史学派主张在研究区域经济发展时，应该将时间和空间两个维度结合起来考虑，以更全面、准确地把握一个地区的经济发展特征和趋势。不同阶段的空间经济分布和结构变化尽管有所不同，但是有共同特征，研究以前阶段的共同性和特殊性是区域经济发展的前提。历史学派的空间结构理论在20世纪50年代获得了较快的发展，代表人物主要有达恩（Dane）、奥托伦巴（Ottolemba）等。他们分析了社会经济各个阶段空间的一般特征，并从动态和微观上研究了各种工业产业之间的相互作用，从而把区位理论与经济发展理论有机结合起来，形成了区位分析的新视角。

6. 新经济地理学中的区位理论

传统的区域经济理论以新古典经济学为基础，通过规模报酬不变和外生比较优势等前提假设，推导出了相应的区位理论、区域增长和发展理论。然而，随着外部性、聚集经济和规模经济等概念的引入，新经济地理学逐渐形成。美国经济学家阿维纳什・迪克西特（Avinash Dixit）和约瑟夫・斯蒂格利茨（Joseph Stiglitz）提出的新贸易理论及相应的新经济地理学与传统以新古典经济学为基础的企业区位选择、区域生产力布局和区域发展模式观点不同。新经济地理学从降低运输成本和聚集经济、递增收益、规模经济性、外部性或溢出效应（如技术的溢出效应）等角度探讨企业区位选择和区域经济增长模式。这种新的理论视角突出了企业区位选择和区域经济增长的内在联系，认为聚集效应和规模经济性是推动区域发展的重要因素。与传统理论相比，新经济地理学更加注重地理空间因素对于经济活动的影响，并提出了一系列新的概念和理论，为我们深入了解区域经济发展提供了新的思路和方法。

在保罗・克鲁格曼（Paul Krugman）的《递增收益与经济地理》一文中，他通过模型阐述了一个国家或区域为实现规模经济而使运输成本最小化的情况下，制造业企业更倾向于选择市场需求大的地方进行区位选择。然而，市场需求的大小又取决于制造业的分布情况。传统的区位理论主要关注工业区位，而新经济地理理论则将其延伸到办公区位、零售区位等领域。与传统工业区位不同的是，对于诸如会计、广告和市场营销等服务部门的办公区位，传统的工业区位决定因素并没有太大作用。这些服务部门本身会产生自身的外部经济效应，正是这种外部经济性的存在，使得金融和市场营销等服务部门会聚集或定位于城市中相同的地区。也就是说，这种外部经济性产生了自身的动向或推动力，成为决定办公区位的一个重要因素。因此，在新经济地理理论中，我们需要考虑不同领域之间的相互作用和影响。制造业企业选择某个地方进行生产，会带来就业机会和市场需求的增加，从而吸引更多服务部门进驻该地区。这种相互作用和影响形成了一个复杂的经济生态系统，不同领域之间相互依存、相互促进。

三、区域发展条件

（一）自然条件

1. 自然环境

自然环境是指区域内的气候、地形地貌和土壤状况等因素。这些因素对于区域的发展具有重要影响。

第一，对产业部门的影响。产业作为区域发展的核心，受到自然环境直接影响，表现在各类产业的区位选择上。在不同的自然环境中，地形、降水、气温、日照和风向等因素往往能够决定产业的布局。例如，在工业企业方面，自然环境对其发展有着重要影响，主要表现在用水、用地等方面需要考虑地质、地貌条件、气候的干湿度情况以及光照和风向等要求。这些因素能够决定某些产业部门是否能够在特定的地域布局。因此，了解自然环境对产业发展的影响是非常重要的，可以帮助我们更好地规划和发展区域经济。

第二，对区域建设的影响。随着科学技术的进步和可持续发展战略的实施，区域和区域各类基础设施的建设，对自然环境的要求越来越高，当然对自然环境的适应能力也越来越强。区域建设对自然环境的要求是需要满足区域建设中的用地、用水等必备条件，充分考虑地形、风向、水流和降水等情况对区域的公用设施，特别是道路、车站、机场、港口等交通设施的影响，尽最大力量克服制约区域基础设施布局的不利因素。

第三，对区域人居环境的影响。随着区域经济的发展，居民收入增加，对居住环境的要求也不断提高，使区域建设中对居住区域自然环境的选择越来越重要。人们对山脉、河湖、古迹都有向往之心，人居环境建设就要充分考虑这些条件。因此，区域人居环境的建设，要充分考虑地形、水源、山脉等景观要素的分布，因势利导，有效利用各种自然环境。

第四，对产业区域分布的影响。自然环境对产业区域分布有很大的影响。平原地区是产业发展的理想地形，易于产业的全方位扩散，易于区域内外的交通组织；而山区、丘陵、高原等，经常造成区域发展空间的局促，限制产业向周边区域的扩散。

2. 自然资源

资源禀赋多寡是影响地区区域化水平的关键因素，也是导致区域经济发展不平衡的一个主要原因。在特定的经济和技术条件下，地区资源禀赋会制约产业组合和企业规模。

从传统产业布局角度来看，工业接近原料和消费地，以便就近获取所需的原材料和燃料。这种布局方式直接反映了自然资源对第二产业的影响，并间接影响着区域的发展格局。因此，在制定产业政策时，必须考虑到不同地区的资源禀赋和产业结构，以实现区域经济的协调发展。同时，也需要注重资源的合理利用和保护，避免过度开采和污染对地区经济带来的负面影响。只有在科学规划、合理利用和有效保护资源的基础上，才能促进地区经济的可持续发展，实现资源与产业的良性互动。例如，19 世纪末和 20 世纪初的钢铁企业，主要布局在煤炭产地，采取“移铁就煤”的布局方式，在煤矿附近发展钢铁工业，同时促进了区域地带的形成和发展，德国的鲁尔地区、美国的匹兹堡地区等都反映出这一点。

自然资源对产业布局的影响更多地以间接的形式表现出来。比如，工业企业在远离原料、燃料产地的市场区域或交通枢纽地布局，表现出工业生产和自然资源在空间上脱节。形成这种状况的原因主要有以下两点：第一，交通运输业的发展，使运输速度更快，运输成本更低。第二，产业结构的高级化，使某些产品中自然资源的含量微不足道，而智力资源的含量却大幅度增加。但是，这并不意味着资源对人类的重要性在减弱，而是恰恰相反。由于人口的增加，生产总规模的不断扩大，人类所消耗的自然资源总量与日俱增，而资源存量又十分有限，使许多资源面临枯竭。因此，产业的合理布局，应充分体现出资源的合理利用和合理配置。总的来看，这种使产业布局自由度增大的倾向，也使区域的分布具有多样性和广泛性。

在各类自然资源中，土地资源对区域经济的影响是最重要的。土地是人类赖以生存的物质来源，是经济和社会发展的物质基础，也是人类生存环境的基本要素。合理利用和有效保护土地是全人类面临的共同任务，也是区域可持续发展战略中的一个重要组成部分。

区域土地资源首先会影响区域的工业发展。工业化大生产的特征表现为生产的高度专业化分工和集约生产，而工业化大生产又需要商业、金融、交通、信息等产业的合理流动。土地作为区域产业的载体，其利用结构会影响这些要素的配合，从而影响区域的产业结构。

（二）社会经济条件

1．劳动力条件

从区位因素的角度来考察劳动力资源的作用，把劳动力资源上升到人力资源和智力资源的高度来认识，最大限度地发挥人力资源和智力资源对区域发展的支撑作用，是实现区域经济发展的重要条件。

人力资源和智力资源在区域发展中的重要作用体现在以下三个方面。

首先，自然环境和自然资源在农业经济时代和工业经济时代是影响区域发展的主要因素。但随着科技进步，现代产业发展更加依赖于科学技术和智力资源。因此，必须加快劳动力资源的开发，使其升华为智力资源。

其次，在当今时代，区域产业结构升级的方向是以知识、技术密集型产业为主过渡。服务性的无形产品生产逐渐成为主要的产业发展地位，智力型产业也成为区域的主导产业。因此，人力和智力资源的占有、配置、使用成为衡量区域发展条件的最重要因素，并且也成为一种区域资本。

最后，随着劳动力资源上升到人力资源和智力资源之后，对区域发展的影响更加强烈。高新技术产业作为现代区域发展的重要方向，对科技人员数量有着更高的要求。相比劳动密集型产业需要4 %～5 %的科技人员比例，高新技术产业则需要达到15 %～20 %或者更高。因此，现代区域对人力资源和智力资源的吸引作用成为衡量区域可持续发展能力的重要指标。

2．科技条件

科技条件对区域发展的影响主要体现在促进产业结构升级方面。科技的不断进步扩大了产业分布的地域范围，改善了各类矿物资源的平衡状况和地理分布。同时，随着生产工艺、运输技术、输电技术等方面的不断进步，科技也改善了产业本身的分布状况，降低了生产成本，扩展了时空范围，从而改变了产业分布的格局。此外，科技进步还促使新兴工业部门不断涌现，并赋予老工业部门新的内涵，同时也改变了它们所消耗的能源和原材料。这些产业结构的变化直接或间接地影响到区域发展，对于区域的地理分布、规模控制和发展性质都将产生决定性的影响。因此，科技条件在推动区域经济发展方面具有重要作用。

考虑区域经济发展的科技条件，主要涉及三个方面。

首先是技术开发能力，包括地区和区域内科技人员数量、专业构成以及研究与开发资金的投入。科技经费的投入直接影响着区域技术开发能力的强弱。例如，我国东部地区科技经费支出量较大，因此该地区的实力也相对较强，发展速度快且质量高；而中西部地区的科技经费投入量相对较少，则直接影响到了该地区的经济发展。

其次是适用技术选择。对于区域发展来说，选择适用的技术非常重要，需要根据区域的经济发展水平和特点进行选择。有些技术虽然很先进，但其应用需要相应的基础设施和人文条件，并且与地区、区域或企业的资金能力密切相关。因此，真正能够为发展带来机遇的是那些适用的技术，即与地区和区域发展阶段以及发展能力相适应的技术。

最后是技术地域转移规律。技术地域转移是区域经济发展必须考虑的。如今，国际制造业及其生产技术向我国沿海地区转移，使得沿海地区的一些纺织、原材料等技术向内陆地区转移。为了创造引进技术的条件，必须改善本地的投资环境，如税收、管理、土地价格、能源、水资源供应等条件。这样才能吸引更多的技术向内陆地区转移，促进该地区经济的发展。

3. 制度条件

制度条件对区域发展的影响越来越重要。它不仅会影响区域经济增长的速度，还会影响其发展质量。这种影响主要包括三个方面。

首先是市场化程度对区域发展的影响。市场化程度实际上是指市场机制作用增强的过程。从区域发展的角度来看，市场化程度对于生产要素在区域间自由流动、信息传播无阻碍以及各类市场公平竞争等方面都有着重要影响。因此，提高市场化程度是加快区域化进程的关键。为此，需要积极消除要素流动中的制度阻碍，形成一个各地制度环境大致相同的体制环境。

其次是产权制度对区域发展的影响。产权安排是否合理，应该根据其是否能够促进经济增长来进行评估。不同的区域发展模式需要不同的产权安排。例如，外向型发展模式下，合资、合作形式将占很大比重；而内向型发展模式下，则国有、私营比重会增加。因此，在处理好私有产权与公共产权关系的同时，也要根据区域发展模式来制定相应的产权安排。

最后是地方政府行为对区域发展的影响。作为地方公共利益的代表，地方政府在经济活动中扮演着重要角色。然而，政府行为并不总是理性的，因此公共利益最大化并不能保证效益最大化。为了实现最低成本的公用事业，政府所主导的公营部门需要与区域内的私营部门相结合。这样可以更好地管理和利用地方性资源，直接投资并促进经济发展。

总之，制度条件对于区域发展具有重要影响。在市场化程度、产权制度和地方政府行为三个方面，需要根据不同的区域发展模式来制定相应的制度安排。只有这样，才能够促进区域经济增长速度和提高其发展质量。

第四节　区域发展的模式与结构

一、区域发展阶段与模式

区域经济发展是一个不断变化的过程，随着时间的推移，它会经历量的变化和质的飞跃，从而呈现不同的阶段性。这些阶段性反映了区域经济发展所处的不同阶段，并形成了各种不同的发展模式。这些发展模式可能包括不同的经济结构、产业布局和政策导向等方面的变化。在区域经济发展过程中，各种因素相互作用，推动着经济的不断进步和创新。同时，也会出现一些挑战和困难，需要通过有效的措施来解决。因此，区域经济发展需要不断地调整，以适应新的环境和变化。

（一）区域经济的发展阶段

国外的专家学者根据经济增长程度、经济结构成熟度和高级化以及生活质量改善等标准，提出了不同的发展阶段理论。其中，美国经济学家惠特曼·罗斯托（Whitman Rostow）在1960年出版的《经济增长的阶段》一书中，以主导产业、制造结构和人类追求目标为标准，采用部门总量分析方法，对已经完成工业化的一些发达国家的经济增长过程进行了研究，并提出了一个国家或区域的经济增长需经历传统社会阶段、起飞准备阶段、起步阶段、成熟阶段和高额消费阶段五个阶段的观点。这一理论对区域经济发展的规律进行了深入探讨，具有重要影响。

后来，在1971年出版的《政治和增长阶段》一书中，罗斯托又补充了一个阶段——追求生活质量阶段。他认为，在这六个阶段中，起飞准备阶段和追求生活质量阶段是两个关键性的阶段。这一理论不仅对经济学领域有着深刻的启示，也对政治、社会和文化等领域产生了广泛的影响。通过对不同阶段的特征和发展趋势进行分析，可以帮助国家或地区制定相应的经济政策，促进经济增长和提高人民生活水平。同时，这一理论也引起了学者对于可持续发展的思考，如何在经济增长的同时保护环境和社会公正性等问题也成为研究的重点。因此，这一理论不仅是对经济学领域的贡献，更是对人类社会可持续发展的探索和实践。

在传统社会阶段，罗斯托在其经济增长阶段理论中指出，传统社会的生产力水平低下，主要依靠原始农业活动维持生计。

在起飞准备阶段，随着农业制度和技术的改良、家庭手工业和商业的兴起以及资本市场的发育，经济活动开始突破地域限制，进行国内外贸易扩张。这为经济起飞创造了条件。

在起步阶段，经过长时间积累后，经济增长进入持续、高速的增长阶段。这一阶段是传统社会进入现代社会的分水岭，是经济增长发生质变的时期。在这一阶段中，人均国民收入快速、持续地增长；农业技术不断提高，农村经济走向商品化，劳动力向工业领域的流动加速；资本在部门间的转移加快；近代工业和交通运输业带动了其他产业的快速发展，成为推动经济增长的主导力量。罗斯托从主导部门和内在机制的角度，讨论了突破传统社会经济停滞状态实现经济“起飞”的三个基本条件：一是高积累率，通过私人储蓄、国家积累或国外（区外）资本输入等多种形式，确保生产性净投资率达到国民收入的 10 %以上；二是培植区域主导产业，保证一个或几个具有高生产率的现代产业部门得以发展，这些部门通过回顾、旁侧和前瞻影响对整个经济产生扩散效应；三是变革制度，根据国情、经济背景建立满足现代产业扩张的政治、社会和制度结构。只有当一个国家具备了这三个基本条件，经济才能“起飞”，步入工业化。

随着经济的持续、稳定增长，经济水平大幅度提高，人们的基本生活得到满足后，社会开始关注消费领域。在成熟阶段中，新的主导产业部门（如钢铁、电力、煤炭等）逐渐替代了旧的主导产业部门，成为带动经济增长的“火车头”；劳动力素质提高，农业劳动力持续向工业部门转移；人口继续向区域集聚；新的管理方式、新的融资方式以及新的销售方式不断出现。经过成熟阶段的发展，经济水平进一步提高，人们开始追求生活质量和文化娱乐方面的享受，这对第三产业提出了更高要求。

在高额消费阶段中，在满足基本生活必需品消费需求的基础上，人们对耐用消费品和服务业的需求空前增长，导致消费结构发生了重大变化。为了满足耐用消费品需求的增长，主导工业部门开始转移到生产耐用消费品和服务业方面来，汽车工业成为这一阶段具有代表性的主导部门，标志着“高额消费阶段”的形成。这一阶段的经济特点主要是“服务型”和“福利型”经济。

在追求生活质量阶段中，随着物质生活水平的进一步提高，人们开始追求生活的舒适和文化娱乐方面的享受，这一消费倾向的改变对第三产业提出了更高的要求。因此，提供劳务和提高生活质量的服务部门（包括公共投资的教育、卫生保健、住宅建筑、区域和郊区的现代化建设、文化娱乐、社会福利等）替代了生产耐用消费品的部门，成为推动经济增长的新的主导部门。人们不再以有形产品数量衡量社会成就，而以“生活质量”提高程度作为衡量区域是否成熟的标志。

罗斯托的经济增长阶段理论对于发展中国家选择发展战略、重点和模式，揭示主导部门带动经济增长的作用与资本积累的重要性具有一定的指导价值。然而，由于世界各国的历史、文化、制度和经济发展水平存在着很大的差异，因此不能机械地照搬这一理论。每个国家都需要根据自身情况来选择适合自己的发展道路，并在实践中不断总结经验，不断完善和调整发展战略。同时，罗斯托的理论也需要不断地更新和完善，以适应经济发展的新形势和新变化。

（二）区域经济的发展模式

区域经济的发展模式是指在长期实践中形成的一种相对固定的发展方式，它是理论与实践相结合的产物。根据其来源和多年来我国区域经济发展实践的总结，可以将其大致分为 3 类：区域经济发展的组织模式、产业模式和空间模式。这些模式是在实践中逐步形成的，具有一定的历史渊源和地域特色。

1. 区域经济发展的组织模式

区域经济发展的组织模式是指在区域经济活动中，如何有效地组织和管理产权等相关事宜。以我国为例，改革开放以来，温州模式已成为一种典型的区域经济发展模式。这种模式主要特点是大力发展民营经济和股份制经济。而在 20 世纪90年代以来，苏州模式逐渐形成，其主要特点是通过扩大开放、吸引外资和发展多种所有制形式等方式促进区域经济的快速发展。

2. 区域经济发展的产业模式

区域经济发展的产业模式是区域经济产业发展中采取的战略模式。不同的区域经济发展阶段和国家特点需要采取不同的产业模式来实现经济增长和转型升级。

其中，第一种产业模式是初级产品生产和出口，即利用本国或本地区丰富的自然资源，通过农业、矿业产品的出口来带动经济发展，属于外向型经济发展战略。然而，这种模式存在严重依赖国际或外部市场、内部经济结构单一和脆弱性大等局限性。对于落后地区来说，在发展初期选择这种战略是客观必然的，但随后需要寻找新的发展机遇并进行战略升级。

第二种产业模式是发展进口替代产品，即用本国或本地区产品替代进口产品的战略。这种内向型战略适用于工业化初级阶段的发展中国家和地区，以应对国际竞争并发展现代工业。从消费品入手，用本国产品替代进口产品，称为“下游产业的进口替代”，如食品、服装和轻纺工业等。从生产资料的角度来看，钢铁、化工和机械等产业属于上游产业的进口替代。发展上游产业需要大量投资，并对技术和劳动力有较高的要求，因此生产规模一开始就比较大。通常只有在国家统一安排下，调集巨大的人力和财力才能实现。

第三种产业模式是发展出口替代产品。这种模式主要是用工业制成品的出口来代替农矿产品的出口，并利用劳动力价格低的优势，以廉价产品打开国际市场。出口替代的类型很多，有些国家以增加本国农矿产品的加工深度为主，有些则以加工外来原料为主等。根据加工深度不同，可将出口替代分为初级出口替代和高级出口替代两种。初级出口替代主要发展技术水平较低的消费品，如食品、服装和玩具等；而高级出口替代则以发展高档耐用消费品，如机械设备和电子仪器为主。一般来说，各国都会经历从初级出口替代向高级出口替代的转变过程。

第四种产业模式是工业赶超战略。这种模式强调用发展优势工业来带动经济发展，缩小与发达国家间的差距。一个落后的国家或地区要想在短期内赶上先进国家，就必须大规模发展工业，以工业快速增长促进其他产业的增长，实现国家经济飞跃发展。关键是选准优先发展的工业部门，并考虑该部门所需资金、劳动力、原料来源和产品市场等。例如，中国选择优先发展现代制造业，印度则选择优先发展软件产业，这些都具有前瞻性。

3．区域经济发展的空间模式

（1）增长极模式

区域空间开发的理论基础是增长极理论，该理论由法国经济学家弗朗索瓦·佩鲁（Fransois Perroux）于20世纪50年代提出。增长极理论认为，经济增长并非在所有地方和部门同时出现，而是首先集中在某些具有创新能力的行业和主导产业部门，这些主导部门通常聚集在大城市中心。经济增长首先出现在增长极上，然后通过不同的渠道向外扩散，影响整个区域。

增长极通过以下四个效应对区域经济活动产生作用。一是支配效应，指增长极上的产业具有技术和经济方面的先进性，能够通过与周围地区的要素流动关系和商品供求关系对周围地区的经济活动产生支配作用。二是乘数效应，是指增长极的发展对周围地区的经济发展产生示范、组织和带动作用，从而加强了与周围地区的经济联系。随着循环积累因果机制的影响，增长极对周围地区经济发展的作用会不断得到强化和放大，影响范围和程度也会随之增大。三是极化效应，指增长极周围区域的生产要素向增长极集中，使得增长极本身的经济实力不断增强。我们通常把一个区域内的中心城市称为增长极，而受到中心城市吸引的区域则称为“极化区域”。这是由于规模经济作用引起的产业聚集作用，使得增长极能够不断成长壮大。四是扩散效应，是与极化效应相反的趋势，即生产要素从增长极向周边地区扩散。随着技术发展水平的提高，增长极上的产业不断更替，被更替下来的产业向周边地区转移；同时，随着社会经济发展水平的提高，增长极内部效率相对较低的产业向周边扩散。这种扩散效应也被称为“涓滴效应”，通过扩散促进增长极周边所有地方的发展，从而缩小地区之间的差异。

增长极的形成必然改变区域原始空间平衡状态，使得区域空间出现不平衡。增长极的成长将进一步加剧区域的空间不平衡，导致区域内地区间经济发展差异加大。不同规模等级的增长极相互联结，共同构成了区域经济的增长中心体系和空间结构的主体框架。其他各种区域经济开发模式均是一种演化。

（2）发展轴模式

发展轴模式是增长极模式的一种扩展形式。随着增长极数量的不断增加，它们之间也出现了相互联结的交通线路。这些交通线路使得两个增长极及其之间的区域具有了更高层次的功能，理论上被称为“发展轴”（或称为“点轴”）。随着地区开发的深入和增长极数量与质量的提高，根据区域经济空间相互作用理论和空间近邻效应，区域经济增长极之间产生了相向的聚集与扩散现象，并建立起各种交通线路和经济社会联系，形成了相对密集的要素流。这些要素流进一步促进了区域内经济相对发达的轴线的形成。一旦这种轴线形成，它就能够激活沿线地区的经济发展潜力。同时，由于轴线地区具有良好的区位优势，因此它会吸引其他地区的资源和企业向其集聚。

发展轴同样存在着聚集和扩散效应，而且这些效应比增长极模式更为强烈，对周边地区的影响也更大。随着发展轴不断地丰富和发展，它的力量也会变得更加强大。最终，发展轴将成为一条完整的发展地带。这种发展地带是发展轴成长结果及其演化的最后形式。

（3）网络型模式

发展轴的演化结果之一是多个发展轴联合形成增长网络，实现你中有我、我中有你的局面。这种网络形式使得聚集规模经济效应在更大范围内表现出来，而不仅限于单点表现。对于网络所在区域而言，增长结果和极点也会分散化，而对于更大的区域来说，整个网络区域都被视为一个巨大的增长极，其极化效应可能更强，对区域经济的影响也更加显著。

这种网络型模式由不同层次、功能各异、分工合作的联系方式组成，形成了一个具有区域性的经济系统。这个系统能够将区域外的资源纳入其中，对其他地区产生影响，尤其在发达地区更为常见，是实现区域一体化和城乡一体化的基础。

二、产业与产业结构

在确定了区域经济的发展模式之后，产业的发展成为至关重要的内容。目前，研究区域经济时主要采用三次产业划分方法，并从三次产业比例的角度对产业结构进行分析。这种方法可以帮助我们更好地了解不同行业在整个经济中的比重和作用，从而为区域经济发展提供指导。同时，我们也需要注意到产业结构的调整和优化对于区域经济发展的重要性。

（一）产业划分

区域产业分类是将区域经济活动进行细分和归类的过程，这是建立产业结构概念和研究产业结构的基础。由于研究目的和角度不同，人们采用了多种不同的产业分类方法。一般来说，产业分类主要根据产业的同质性和功能进行分类。以下是 5 种常见的产业分类方法。

1. 三次产业分类法

1940 年，英国著名经济学家科林·克拉克在他的经济学著作《经济进步的条件》中提出了三次产业的划分。这一理论总结了伴随着经济发展而演变的产业结构规律，开创了产业结构理论，并成为分析国家和地区产业发展的有力工具。

克拉克将产业部门归纳为三类：第一产业是指从自然物中生产出来的，包括种植业、畜牧业、林业和狩猎业等；第二产业是指加工自然物的生产，包括采矿业、制造业、建筑业、煤气、电力和供水等；第三产业则是指生产无形财富的行业，包括商业、金融及保险业、运输业、服务业以及其他公益事业和各种事务。

虽然这种分类法在经济学理论上并不十分严密，其中采矿业、煤气、电力、供水和其他公益事业等行业的产业归属问题也存在争议。但从应用经济分析的角度来看，这种分类法是一种有用的工具，可以帮助我们研究伴随着经济发展而发生的资源分配结构变化趋势。三次产业的划分为我们理解和研究经济发展提供了重要的思路。

1985 年，我国制定了三次产业的分类标准：第一产业包括农业、林业、牧业和渔业；第二产业则包括采矿、制造、水电等工业以及建筑行业；而除去前两者，其他各行各业被归为第三产业。这个大类又被细分为四个层次：第一层次是流通部门，包括交通运输、邮电通信、商业、饮食、物资供销和仓储等行业；第二层次则是为生产和生活提供服务的部门，如金融、保险、房地产、公用事业、地质勘探、咨询服务、综合技术服务、居民服务、农业服务、水利和公路及内河（湖）航道养护等行业；第三层次则是为提高科学文化水平和居民素质而服务的部门，如文化、教育、广播电视、科学研究、卫生、体育和社会福利等行业；第四层次则是为满足社会公共需求而服务的部门，包括国家机关、党政机关、社会团体以及军队和警察等。这些分类标准旨在更好地了解我国经济结构和产业发展状况，为政府制定相关政策提供依据。

2. 国际标准产业分类法

1971 年，联合国颁布了《全部经济活动的国际标准产业分类索引》，旨在统一各国的产业分类。该分类法将全部经济活动分为 10 大项，包括农业、狩猎业、林业和渔业；矿业和采石业；制造业；电力、煤气、供水业；建筑业；批发与零售业、餐馆与旅店业；运输业、仓储业和邮电业；金融业、不动产业、保险业及商业性服务业；社会团体、社会及个人服务以及不能分类的其他活动。这一分类法与三次产业分类之间存在着紧密的对应关系，具有较高的规范性和可比性，方便进行国际或区际比较。同时，该分类法也为各国政府、企业和研究机构提供了一个统一的标准，以便更好地了解和分析全球经济活动动态。值得注意的是，该分类法不仅限于经济领域，还包括了社会团体、个人服务等非经济活动。通过这一标准化的产业分类，各国可以更好地协调和合作，在全球范围内促进经济发展和贸易往来。

3. 两大部类和农轻重分类法

社会总产品可以从实物形态上按其最终使用方向划分为生产资料部类和生活资料部类，这就是两大部类和农轻重分类法。相应地，生产这些产品的部门也被划分为两大部类：生产资料部类和生产生活资料部类。马克思曾使用这种分类法来说明社会再生产的实现条件和社会经济需要的满足过程。这种产业分类法是投入产出表的基础，也是产业结构理论的基本来源之一。然而，它存在着一些局限性，如覆盖面较窄、实际应用困难等问题。因为这种分类法未能将所有物质生产领域和非物质生产领域都包括进去，有些产品也难以确定为两大部类中的生产资料或消费资料。

在具体应用中，两大部类和农轻重分类法将社会生产划分为农业、轻工业和重工业三大部门。一般属于重工业的工业部门有冶金工业、建材工业、机械工业、化学工业、煤炭工业和石油工业等；轻工业的部门则包括食品、纺织和造纸等行业。然而，由于这种分类法没有包括对服务业的分类，因此在今天已经很少被使用。

4. 要素密集度分类法

根据生产要素的密集度，我们可以将经济活动分为四类：资源密集型产业、劳动密集型产业、资本密集型产业和技术密集型产业。这种分类方法有助于揭示不同地区的要素禀赋构成和生产优势，研究区域分工和要素密集程度差异对区域经济发展以及区际经济关系的影响。

这种分类方法的特点在于，它是通过比较不同产业所使用的各种资源组合来进行划分的。因此，它是一种相对性的划分方法，不存在绝对标准。通常情况下，钢铁工业、石油化学工业等被认为是资本密集型产业，采矿业等被认为是资源密集型产业，纺织工业等则被视为劳动密集型产业。而像电子计算机工业这样的行业，则既属于技术密集型产业，又属于劳动密集型产业。

生产要素密集度分类法可以揭示区域产业结构的特点和发展趋势，并在制定区域产业结构规划时起到重要作用。需要注意的是，这种分类方法并没有绝对标准，而是根据不同行业所使用的资源和生产要素的不同组合来进行划分。因此，在实际应用中需要结合具体情况进行分析。

5．区域产业功能分类法

根据不同产业在区域经济发展中所扮演的角色和作用，我们可以将各类区域经济活动分为三大类：主导产业、辅助产业以及基础产业。

主导产业也被称为“专业化产业”，是决定一个地区在区域分工格局中所处的地位和作用，对整个区域的发展具有决定性意义的产业。主导产业是一个地区经济的核心，其兴衰直接影响着该地区经济的发展。

辅助产业则是围绕主导产业而发展起来的产业，主要为主导产业提供配套服务和产前、产后延伸的产业。辅助产业与主导产业之间存在着前向联系和后向联系，其发展程度很大程度上取决于主导产业的构成和规模。

基础产业则是为了保证区域内主导产业和辅助产业的发展以及居民生活需求而形成的产业。其主要包括基础设施产业和服务业。基础产业主要面向区域内部，其发展受到区域内生产和居民生活需求以及结构的影响较大。

对于一个地区来说，主导产业是经济发展的核心，其兴衰直接影响着整个地区的经济状况。因此，在进行区域规划和主导产业选择时，需要对各类产业进行功能分类。这种分类方法是最常用的分类法之一。

（二）产业结构演进

产业结构是指按照一定的分类方式形成的各个产业之间的比例关系。随着经济的不断发展，区域内的产业结构也会相应地发生转变和演化。这种结构变化并非毫无规律可循，而通常表现出一定程度上的规律性。西方的一些学者和专家，如威廉·配第（William Petty）、克拉克、西蒙·库兹涅茨（Simon Kuzents）、霍夫曼（Hoffman）等，对产业结构演变规律进行了深入研究，并做出了重要贡献。值得注意的是，在经济发展过程中，不同地区的产业结构也会呈现差异。一些地区可能更加注重发展某些特定的产业，而另一些地区则会有不同的产业优势和特点。因此，在制定经济政策时，需要考虑到当地的产业结构和演变规律，以便更好地促进经济发展和实现可持续增长。同时，随着科技的不断进步和全球化的加速推进，产业结构也在不断地变革和调整。因此，我们需要密切关注产业结构演变规律，并及时进行调整和优化，以适应经济发展的新要求。

1. 配第—克拉克定理

在17世纪，英国经济学家威廉·配第在他的著作《政治算术》中指出，制造业和商业比农业能够获得更高的收入。这种不同产业之间相对收入上的差异会促使劳动力向能够获得更高收入的部门转移。20世纪50年代，科林·克拉克对此问题进行了进一步研究。他收集和整理了多个国家按年代推移的劳动力在三次产业之间的统计数据，并得出结论：随着经济发展和人均国民收入水平提高，劳动力会从第一产业向第二产业转移，随着人均国民收入水平的进一步提高，劳动力又会向第三产业转移。因此，在不同发展水平的国家中，人均国民收入水平越高的国家农业劳动力所占比重相对较小，而第二产业和第三产业产业的劳动力所占比重相对较大；反之，人均国民收入水平越低的国家，农业劳动力所占比重相对较大，而第二产业和第三产业的劳动力所占比重相对较小。这就是著名的“配第·克拉克定理”。

该定理不仅可以从一个国家经济发展的时间序列中得到证实，还可以通过比较处于不同发展水平的国家在同一时点上的横向数据来得出类似结论。因此，随着经济的发展和人均国民收入水平提高，劳动力的分布状况也会发生变化，这种变化是由不同产业之间相对收入上的差异所引起的。随着经济结构的转型和产业升级，第一产业将逐渐减少，而第二产业和第三产业则会逐渐增加。因此，“配第·克拉克定理”为我们提供了一个重要的经济学原理，即随着经济发展和人均国民收入水平提高，劳动力将会从传统农业向现代制造业和服务业转移。这也说明了产业结构调整对于促进经济发展和实现可持续增长的重要性。同时，该定理也为我们提供了一种衡量经济发展水平的方法，即通过比较不同产业劳动力所占比重来判断一个国家的经济发展水平。

2. 库兹涅茨法则

著名经济学家库兹涅茨从20世纪40年代开始，一直致力于挖掘各国的历史资料，并根据这些资料对产业结构变化与经济发展之间的关系进行系统考察。在他的著作《各国的经济增长》中，他从国民收入和劳动力两个方面，对随着经济发展而出现的产业结构演变规律进行了分析研究，并得出以下结论。

第一，随着国民经济的发展，区域内第一产业实现的国民收入在整个国民收入中所占比重以及第一产业劳动力在全部劳动力中所占比重都会不断下降。

第二，在工业化阶段，第二产业创造国民收入的比重和占用劳动力的比重都会提高，其中前者上升速度快于后者。但在工业化后期特别是后工业化时期，第二产业的国民收入比重和劳动力比重会不同程度地下降。

第三，第三产业创造国民收入的比重及占用劳动力的比重会持续上升，其中在工业化中、前期阶段，占用劳动力比重的上升速度快于创造国民收入的比重。

在整个工业化时期，产业结构的转换表现为第一产业创造财富和吸收就业的份额逐渐向第二、第三产业转移。在工业化中期，第二产业成为主要财富创造者，而第一产业则是主要劳动力吸收场所；到工业化后期以后，第二产业创造财富的比重开始下降，第三产业成为经济发展的主体，既是财富的主要创造者，也是吸收劳动力的主要场所。所以，在工业化过程中，三次产业的发展相辅相成。如果第二产业总量增长很快，而第三产业发展滞后，那么必然表现为第二产业在GDP（国内生产总值）总额中的比重得到很快增加，但是劳动力转移过程受阻，大量的劳动力滞留于低效率的第一产业，城市化水平要提高是非常难的。因此，产业结构的调整和优化是经济发展的重要任务之一，必须注重第三产业的发展，促进劳动力向第二、第三产业转移，实现经济效益和社会效益的双赢。

3. 霍夫曼定理

德国学者霍夫曼对工业化过程中的工业结构演变规律进行了开创性研究。他的研究重点在于制造业中消费资料工业和资本资料工业在不同阶段的比例关系变动趋势。霍夫曼将制造业分为三种：消费资料工业、资本资料工业和其他工业。霍夫曼比例，也称彼夫曼系数，是指消费资料工业的净产值与生产资料工业的净产值之比。在《工业化的阶段和类型》一书中，霍夫曼将工业化过程分为四个阶段：第一阶段，消费资料工业在制造业中占主导地位，而资本资料工业不发达，霍夫曼比例约为 5 左右；第二阶段，资本资料工业的增长速度高于消费资料工业，但消费资料工业在制造业总产值中仍占较大比重，霍夫曼比例约为 2.5 左右；第三阶段，消费资料工业和资本资料工业的比重大致相似，霍夫曼比例约为 1；第四阶段，则是资本资料工业占主导地位，而消费资料工业所占比重较小，霍夫曼比例小于 1。

一般来说，资本资料生产属重工业，而消费资料生产则属轻工业。随着工业化进程的不断推进，重工业在整个工业生产中所占比例也逐渐增大。然而，在达到一定程度之后，重工业的比重将会趋于稳定。但是，从区域的角度来看，分析轻重工业比例时必须考虑到区域经济的特殊性。不同地区并不一定需要形成完整的工业体系，并且各自拥有独特的优势。此外，无限制的区域贸易也会导致国内出现重工业区域和轻工业区域的差异。因此，用霍夫曼比例来衡量区域经济结构变化的方式存在一定的局限性。

4. 雁行模式理论

1932 年，日本学者赤松要在他的一篇名为《我国经济发展的综合原理》的文章中提出了“雁形模式”理论。据此理论，日本作为一个经济落后的国家，在受到国内资源和市场约束的情况下，主要依靠对外贸易向工业国输出消费性商品，同时自工业国输入工业设备，并建立自己的工厂进行替代性生产，以满足国内需求并进一步带动相关产业的发展。这个过程就像雁群列阵飞行一样，因此被称为“雁形模式”。

根据“雁形模式”理论，落后国家的产业结构要经历三个阶段的变化：首先是进口阶段，即在对某些产品需求增加、国内生产困难时，靠进口满足需求；其次是国内替代阶段，在国内生产该种商品的条件成熟后，以国内产品替代进口产品满足需求；最后是出口阶段，随着国内生产条件的改善、该种产品生产成本大幅降低、市场竞争力增强，产品转而进入国际市场。因此，“雁形模式”理论认为，在需求与供给相互作用、相互制约的情况下，后进国家应该遵循进口 - 国内生产 - 出口的雁形发展形态。这种模式可以帮助落后国家逐步提高自身工业化水平，满足国内需求，并最终实现对外输出产品，促进经济发展。

三、主导产业与结构优化

（一）地区生产专业化

1. 地区生产专业化的概念

地区生产专业化是指在特定区域内，利用该地区某类产业或产品生产的特殊有利条件，大规模集中发展某个行业或某类产品，并向外输出。这种现象是工业化过程中大机器发展的必然结果。随着工业化和技术进步，现代交通和通信系统的建立降低了地区之间经济联系的成本，使得全国甚至全世界各地区可以互为原料地、互为市场，共同构成一个不可分割的经济体系。因此，工业化不仅提供了地区生产专业化的可能性，也使其成为必要。在大机器生产的条件下，为了在市场竞争中取胜，必须充分利用地区资源优势、采用最先进的技术设备、扩大生产规模、降低生产成本和提高生产率，以求得最大经济效益。

地区专业化部门具有特定的区域属性。一个县的专业化产品对于一个省来说不一定是专业化产品，甚至需要从外地输入。同样，对于更大范围如一个省或一个地区来说也是如此。

在区域经济学中，通常用区位商指标来判断一个产业是否构成地区专业化部门。当区位商值 $LQ_{ij} > 1$ 时，可以认为 i 产业是 j 地区的专业化部门。LQ_{ij} 值越大，专业化水平越高；当 $LQ_{ij} \leqslant 1$ 时，则认为 i 产业是 j 地区的自给性部门。

因此，利用区位商判断产业的生产专业化状况实际上是以全国产业结构平均值作为参照系。假设全国各地区对产品的消费水平基本一致，那么当一个地区某产业或产品产值占总产值比重高于全国平均比重时，就认为该产业提供的产品或服务在满足了本地区消费需求之后还有剩余可用于输出，因此成为专业化部门。而且，该产业比重越高，则可用于输出的产品越多，专业化水平越高。

2. 地区主导产业的性质

地区主导产业是指那些对地方经济发展有着重要带动作用，代表该地区发展方向的产业部门。虽然所有专业化部门在地方经济中都扮演着重要角色，但只有主导专业化部门即主导产业才能真正起到引领整个地区经济发展的作用。一个专业化部门要成为地区经济发展的主导产业，必须同时具备以下四个性质，这也是选择主导产业的标准。

第一，该产业在该地区拥有较高的区位商或专业化水平。通常情况下，其 LQ_{ij} 值应在 2 以上，并且该产业的生产主要服务于区外。

第二，该产业在地区生产中占有较大比重，能够在一定程度上主导地区经济发展。一般而言，在选择主导产业时，地区范围越大，则对区位商和产值比重的要求相对越低；而地区范围越小，则对区位商和产值比重的要求相对越高。例如，一个城市选择主导产业时，其要求的区位商和产值比重会比大经济区更高，因为城市具有更强的外向性。

第三，该产业与地区内其他主要产业关联度较高，能够带动整个地区经济的发展。主导产业与其他产业之间的联系越广泛、越深刻，就越能通过乘数效应带动整个地区经济的发展。

第四，该产业能够代表该地区产业发展方向，并在较长时间内支撑和带动该地区经济发展。因此，主导产业必须是有发展前途的、代表该地区未来发展方向的产业。

总之，选择主导产业需要考虑以上四个性质，并根据不同地区的特点和需求进行合理选择。只有选对了主导产业，才能真正实现地区经济的可持续发展和繁荣。

3. 地区主导产业的选择

在选择地区的主导产业时，需要考虑以下因素。

首先，要根据该地区所处的经济发展阶段来选择主导产业。对于处于工业化前期阶段的地区，主导产业通常具有劳动和资金密集型特征，可以在轻工业领域和基础性重工业领域中进行选择；对于处于工业化中期阶段的地区，主导产业通常具有资金和技术密集型特征，应该在重工业的深加工领域中进行选择；而对于处于工业化后期的地区，则应该选择具有技术密集型和服务型特征的产业，如技术密集型产业、高新技术产业和新兴服务业。

其次，要根据产业发展的阶段来选择主导产业。根据产业生命周期理论，任何产业在某一地区的发展中都会经历科研创新期、发展期、成熟期和衰退期等规律性阶段。因此，在选择主导产业时，应该优先考虑处于科研创新期和发展期的产业，这些产业具有更大的潜力和发展空间。同时，处于科研创新期的产业也可以被视为潜在的主导产业，并进行培育。

最后，要根据产业产品的收入弹性来衡量主导产业的选择。主导产业应该是具有高收入弹性的产业，随着区域经济的发展，该主导产业能够拥有不断扩大的市场。因此，在选择主导产业时，需要考虑其产品在市场上的需求和价格弹性，以确保该产业能够为地区经济的发展做出更大的贡献。

（二）区域产业结构优化

区域产业结构优化是指通过不断调整，使得区域内的产业结构趋向合理。这个过程旨在消除不合理的产业结构，并促进各个产业之间有机联系和协调发展。实际上，产业结构协调性的提高意味着不同产业之间相互作用所形成的整体能力，这种能力超越了各个产业单独的能力总和。

1. 区域产业结构优化的判断标准

优化区域产业结构需要遵循严格标准。合理的区域产业结构标准应该由产业结构特性决定，因为产业结构是一个相互制约、相互促进的有机整体。要评价一个区域的产业结构是否优化，必须采取相互联系的指标体系，进行综合性、系统性的分析。判断区域产业结构是否优化主要有以下标准。

第一，是否充分合理地利用了自然资源。自然资源是产业的物质基础，只有充分合理地利用自然资源才能取得最佳经济效益。不同类型的自然资源具有不同的特点，如流失性资源、可更新资源和不可更新资源。对于流失性资源，应该努力开发利用；对于可更新资源，要保持其再生能力并循环使用；而对于不可更新资源，则需要选择好时机、提高投入产出比，并尽可能高效利用。

第二，各产业发展是否协调，是否存在“瓶颈”产业。合理的区域产业结构应该是各产业之间协调发展的整体，能够相互创造条件、形成良性经济互补关系，并推动各产业在生产、分配、交换和消费等环节中和谐运动。各产业部门之间在质上相互依存、相互制约，在量上按一定比例组成，形成有机整体。合理的产业结构不应存在“瓶颈”产业和过剩产业。

第三，是否能及时提供社会所需产品和服务。合理的区域产业结构应该具备应变能力，能够及时提供社会所需的产品和服务，并最大限度地满足社会需求。产业结构的应变能力是指各产业根据经济发展和市场变化具有的一种自我调节能力。合理的产业结构应该适应社会需要，随着劳动生产率的提高和人民收入水平的增长，社会需求也在不断变化。因此，合理的产业结构需要随着社会需求的变化而调整，并建立多层次、反应灵敏的信息网络，及时预测市场需求的变化。

第四，是否取得了最佳经济效益。合理的区域产业结构应该能够获得较好的经济效益，调整产业结构的目的就是提高经济效益。因此，取得最佳经济效益是产业结构合理化的重要标志。在一定条件下，如果经济效益不好，那么产业结构肯定不合理。最佳经济效益应该注意劳动耗费与有效劳动成果的比较，争取用最少的劳动耗费，取得最大的有效劳动成果。合理的产业结构和经济效益是相互影响、相互促进的，即产业结构合理化会促进经济效益的提高，反过来，经济效益的提高也有助于产业结构的合理化。合理的产业结构能够充分发挥自然资源、经济资源的优势，做到人力、物力、财力、自然资源和科学技术等因素充分而合理地使用，避免由于失调而造成的巨大浪费和损失。经济效益的提高也会节约劳动时间，为产业结构趋向合理创造条件。

第五，国内外的成熟技术是否得到了合理开发与利用。合理的区域产业结构应该能够合理开发和利用国内外的成熟技术，充分吸收当代最新科学技术成果，改善人类的劳动与生活环境条件。人类劳动的最终目的是人类自身的生存，科学技术是人类利用自然、改造自然的强大力量。只有充分利用科学技术成果，才能使人类的生活环境与劳动条件获得最大的改善。如果一种产业结构对人类取得的科学技术成果没有充分利用，则说明这种产业结构是低级落后的，当然也是不合理的。

第六，能否充分开展区域间分工合作。随着经济全球化的发展，充分合理利用区域间的分工合作是提高劳动生产率、促进经济发展的一条捷径。因此，合理的产业结构应该与合理的外贸结构结合起来，充分发挥区内优势，充分利用区外市场，不断扩大输出和出口。

第七，生态环境是否能够得到保护也是判断产业结构是否合理的重要标准。合理的产业结构应该是可持续发展的，对生态环境没有破坏作用或对生态环境的保护有利。那种只顾经济效益而不顾生态环境的发展方式会极大地恶化人类的生存环境，应该予以警惕和制止。如果产业结构对生态环境造成破坏，将会影响到未来几代人的生存和发展。因此，优化区域产业结构需要综合考虑以上七个标准，并在实践中不断调整和完善。只有建立合理的产业结构，才能促进经济发展、提高人民生活水平，并为可持续发展奠定基础。

2．建立以主导产业为主体的区域产业结构

在任何地区，正确处理主导产业与非主导产业之间的关系都是一个必须面对的问题。除了发展主导产业外，该地区还应该积极发展其他性质的产业，以促进区域经济协调发展。

首先，需要加快发展与主导产业直接相关的生产性和非生产性联系的产业。这些产业包括为主导产业提供原材料及其他发展条件的产业，利用主导产业产品进行深加工的企业，以及为主导产业技术进步进行研究与开发的企业。此外，还需要发展为主导产业提供人才培训的教育产业，以及金融、广告等行业。这些产业与主导产业一起构成地区主导产业群，其在区域经济中所占份额往往不低于50%。

其次，需要大力发展基础设施产业。基础设施是支撑区域内所有经济社会活动的基本条件，也是衡量区域投资环境硬件的主要指标。因此，任何地区都需要致力于发展基础设施产业，并尽可能提高其技术水平和服务质量，以使其与全国甚至世界基础设施的发展水平接轨。

最后，需要积极发展为地方生产和生活提供服务的产业。这些产业包括传统的商业、饮食、卫生、教育等服务行业，以及新兴的旅游、娱乐、保健和保险等服务行业。这些产业为中小企业提供广阔的发展空间，对于扩大就业、提高生活质量和促进地方经济的活跃具有积极作用。

3．区域产业结构优化的基本方法

（1）因素分析法

第一，国民经济的持续发展取决于产业结构的演进。在生产力水平低下、自给自足的自然经济阶段，农业和劳动密集型产业是主导；而在机械化大生产阶段，工业成为主导；在知识经济时代，则以高新技术产业和知识技术密集型产业为主。但是，产业结构的调整或演进必须受到国民经济发展水平的制约。

第二，产业结构的演化始于一定的经济现实环境，即基础条件。这些条件包括人均收入水平、资本形成结构、生产要素和自然资源禀赋、制度组织状态等。即使基础条件相同，不同因素的作用程度也会导致产业结构演化过程的多样性。

第三，需求结构对产业结构有一定的引导作用。需求结构变化与产业结构变动存在对应关系，其中最主要的是需求结构的收入弹性关系。随着收入水平提高，产业分化加剧，资源逐渐从农业向高附加值的综合性生产领域转移，服务业也逐步独立出来形成三次产业。

第四，供给结构约束因素也对产业结构演进产生影响，包括资源、生产要素供给和技术因素等。供给决定着产业结构演进的基础或出发点，同时也决定着产业结构的选择和性质。例如，单一的基础产业无法支撑制造业的发展，迫使产业体系向商业、服务业、金融业倾斜，形成第三产业主导型的产业结构。生产要素的差异也会影响再生产循环和国民收入分布格局，进而影响到产业结构。

第五，科学技术因素是推动产业结构演变的本质因素。工业革命中，技术进步加速了整个产业结构的升级与优化，确立了新的产业分工结构和关联结构。现代化大工业的发展历程表明，科学技术是第一生产力，是经济发展的强大动力。通过新型的产业关联体系和组织体系，科技进步提高了产业和企业的最小规模基数，同时也使生产的不可分性充分突出。因此，科学技术因素是推动产业结构演变的本质因素。

第六，政策制度因素。制度的安排和体制的转变等对产业结构变动有着很大的影响，在某些特定发展阶段，对某些国家（地区）来说，甚至是起着决定性作用的。

（2）模型分析法

区域产业结构优化设计指确定组成某一地区的各种产业在数量上的最佳比例和相互联系的最佳方式。这是一种以现有结构为基础进行定性和定量分析的科学预测规划，其方法为：①用现有统计数据编制投入－产出表，计算投入系数和资金系数，然后引入线性规划法来具体设想在某个价值标准下的未来产业结构，并设计将来某一方案，从而构成区域产业结构优化模型；②剖析现有产业结构基本特征以及所达到的阶段和水平，指出中长期变化趋势、方向，选择新主导产业，带动现有产业结构向高度化演进。

方法和步骤如下。

第一，明确优化目标。制定优化目标有利于区域产业结构优化所应达到的各种要求落实到实际操作中。优化目标的确定应与高层次区域或全国产业总体发展方向相协调，同时也要考虑到该地区资源优势的特点。为了逐步实现总目标，需要将其分解成若干相对独立又相互协调的子目标。

区域产业结构优化总目标通常包括：在满足资源最大供给约束条件下，使未来一定时期内该地区政策效益最大、投入最小或产出最大等。而子目标则包括：①在兼顾国家利益的前提下，追求该地区利益最大化；②保持该地区各产业部门协调发展；③满足全国和国际市场需求；④不断提高该地区人民生活水平；⑤保护生态环境；⑥逐步推进产业结构向高度化发展。

第二，确定优化模型中的决策变量。在对区域产业部门定性分析的基础上将区域划分为若干产业部门作为决策变量，如种植业x_1，林业x_2，牧业x_3，副业x_4，渔业x_5，食品工业x_6，轻纺工业x_7，能源工业x_8，钢铁工业x_9，机械工业x_{10}，化学工业x_{11}，……，服务业x_n等。

第三，确定区域产业结构的约束条件。这些约束条件主要受到区域资源供给状况的影响，因为这是形成区域产业结构基础的重要方面。

第四，确定优化区域产业结构所需达成的主要目标函数。

第五，我们需要进行计算结果分析。实际上，区域产业结构是一个动态变化的系统，因此线性规划方法只能处理平均、静态和线性的情况。为了使规划模型更符合实际情况，我们需要将系统的变化分为不同阶段，并预测出相应的模型参数，以求得系统在不同阶段的最优结构。这样可以使静态模型更接近于动态系统，更符合实际情况。通过这种方法，我们可以找出区域产业结构随时间变化的规律性，并了解它在发展过程中所达到的阶段或层次及具体趋向。这有助于我们选择支柱产业，实现区域产业结构的优化升级。因此，在计算结果分析中，需要注意不仅要考虑静态情况下的最优解，还要考虑动态变化过程中的最优解，并且将其与实际情况相结合，以制订出更加符合实际需求的区域产业结构优化方案。

（三）区域产业结构高度化

区域产业结构高度化是指在经济发展的历史和逻辑顺序演进中，区域产业结构不断更新并达到更高层次的过程。这一过程主要针对现代社会生产力水平尤其是科学技术发展水平而言，在需求拉动、科技推动、竞争促发等动因作用下逐步实现。区域产业结构高度化的特点和核心在于考虑不同产业化阶段的区域产业结构转换，从历史、现状到未来整个时序过程中进行分析。

随着区域经济发展水平的提高，区域产业结构的高度化也必然会推动区域经济的发展和提升区域产业竞争力。在整个历史演化过程中，区域产业结构的转变包括三个方面：一是经历了由第一产业占优势比重向第二、第三产业占优势比重的演进；二是经历了由资源密集型（如传统社会中的手工业）、劳动密集型产业（如工业社会中的纺织业、钢铁工业、煤炭工业等）占优势比重逐渐向资本密集型（如工业社会中期的电力工业、机器制造业、化学工业、石油工业、汽车工业等）、技术密集型（如工业社会发达时期的电气设备业、精密机械业、核能工业和航空工业等）和知识密集型产业（如未来时代的微电子工业、新材料工业、生物工程、海洋工程等）占优势比重的演进；三是产业结构的演进。在过去，制造初级产品的产业占据了主导地位，但随着时间的推移，这种情况逐渐发生了变化。现在，制造中间产品、最终产品和高科技产品的产业正在成为主导。每一次演进都代表着区域产业结构向更高层次的迈进。这种演进不仅是经济发展的必然趋势，也是技术创新和市场需求变化的结果。

第二章　区域经济发展的理论研究

第一节　区域经济增长理论

一、区域经济增长理论分类

（一）区域输出基础理论

道格拉斯·诺斯（Douglass North）在1955年发表的《区位理论与区域经济增长》一文中，对艾萨德的区位论、埃德加·胡佛（Edgar Hoover）的增长阶段论等提出了批判，指出它们未能对地区发展的动因作出合理的解释，对区位的建模、对发展的刻画等方面都有缺陷。诺斯基于经济历史学的视角，提出了以中世纪欧洲的封建自足经济为前提，以美国为代表的地区发展阶段顺序与经济历史学是割裂的观点，而现代社会的发展并不符合这一观点。

根据诺斯的观点，一个地区的经济增长是由外需推动的，而外需的增长则是地区发展最重要的最初决定性因素。诺斯的理念在查尔斯·蒂伯特（Charles Tiebout）和其他学者的进一步发展中逐渐成熟，并形成了一个关于地区经济增长的基本理论。

1. 输出基础理论的思想内核

输出基本理论将一个国家的经济分为两大类：一是输出的基本部分，它包含了地区内以外需为主导的工业活动；二是非基础性行业，它包含了本地区以需求为主导的各种行业。其核心是：一个地区的经济增长依赖于其基础产业的成长；因此，增大一个地区的产出基数，也就是该地区的全部产出部门，就会开始一个乘数过程，它的乘数值就是该地区的总收入和就业对该地区产出部门的总收入和就业的比率。根据输出基础理论，一个地区的对外输出（包括产品和服务）的总额越大，该地区的输出部门获得的收入也就越多，这一部分收入除了对输出部门的生产成本进行补偿之外，还可以被用来对该地区需要的产品的生产和服务业进行利用，同时可以用来扩大输出。而外向型企业的生产行为又要求外向型企业之外间进行合作。因此，随着出口规模的扩大，该地区的生产性、服务性产业将进一步发展。结果表明，产出与产出总量的大小决定了地区经济的发展规模，也决定了与之相关的收入水平。

2．输出基础理论的特点

第一，这很明显地将约翰·凯恩斯（John Keynes）的收入理论运用到了一个开放式的、长周期的研究中。输出是对总需求唯一的外生影响，而其他可能的影响（消费函数、国内投资、政府开支等）则处于次要地位。

第二，该理论不需要考虑出口需求的增长来源，而是将全球经济简单地划分为两个部分：一是地区，二是全球其他部分。无论是来自周边地区，还是来自世界其他地方，出口增长的差异并不大。

第三，在对地区经济增长进行分析时将国家需求的变化规律放在了中心地位。强调要想了解地区经济发展的机制，就不能将某一地区作为单独的研究对象。一个地区是否能够迅速发展，并不只取决于其疆界。

输出基础理论的倡导者也认识到区域内部政府的较高支出水平将促进区域增长；非经济因素引起的迁移也会在不改变输出基础的情况下推动当地经济活动的扩张；进口替代型的当地活动的增加也会促进区域经济发展。此外，当地产业（如为输出产业提供投入的那些产业）的效率提高能够通过提高输出基础部门的竞争力，而对区域活动产生显著影响。这一区域增长理论，有助于我们对特定国家某区域历史发展的重要特征形成一个简洁的描述。但它存在着诸多缺陷，因此难以成为区域增长的一般理论。

3．输出基础理论的缺陷

首先，基于输出的基本原理将区域划分为“本地”与“他国”，从而忽略了区域间在经济发展进程中所可能扮演的角色。其次，输出基本理论在地区发展预测中的作用也受到了质疑。我们不大可能以基础出口行业的变动为依据，来评估其对地区经济增长的净影响。比如，有多少来自该地区的出口又被重新投入进口中，这将依赖于出口增长的具体形式和来源。其不足之处主要表现在如下方面。

第一，对基础行业出口的影响分析过于简单。在一个产品众多的市场中，地方经济的影响往往因出口产业而有明显的变化。各要素出口规模的扩大，其对地区经济发展的影响也存在着一定的差异。

第二，输出基本理论忽视了这样一个事实，即内在的成长驱动力量可以成为一个地区经济增长的重要因素。从长远来看，仅关注产出指标的影响范围过于狭窄，还应考虑其他因素（如政府公共支出、地区技术进步、生产和消费等）对经济增长的影响。

第三，随着考察区域的扩大，由于忽视而产生的问题也会随之加剧。随着地区尺度的增加，输出在经济发展中所占的比重会逐渐降低，而其他影响经济发展的因子则会逐渐增加。而且，当地区范围越大时，反馈效应就越明显，这就需要建立一种在地区之间的分析方法。

第四，在特定情况下，地方活动可以成为地区经济增长的一个重要因素。举例来说，向地方活动分配资源可能会比向出口部门分配资源更有效（因为前者的技术进步速度更快）。在此背景下，出口活动的减少对地区的收入增长起到了推动作用。

第五，当一个地区的贸易条件得到明显改善时，这个地区就可以在不扩大出口基数的情况下获得经济增长。

第六，如果我们所谈到的是一个多元化的地区经济（其出口产业范围从有限的地区扩展到国外），那么，输出基础这一概念就不那么有意义了。

（二）新古典区域经济增长理论

美国经济学家罗伯特·索洛（Robert Solow）于1956年出版了一篇具有划时代意义的文章《对经济增长理论的一种贡献》。索洛是新古典经济学与凯恩斯经济学有机结合的一位杰出代表。另外，英国的拉姆齐（Ramsey），澳大利亚的斯旺（Swan），他们的理论也是新古典主义理论的重要组成部分。

因为索洛模型是新古典区域经济增长理论中最有代表性的一种，所以我们经常将索洛模型与新古典理论视为同义语。在世界范围内，许多国家或地区都使用了新古典的增长模式，有些学者也尝试在新古典的增长模式中加入空间因子。比如，理查森（Richardson）在新古典增长理论中，将地域空间结构变化对地域增长的影响，引入标准增长方程式中，并在此基础上，构建了一种融合不同维度的区域经济增长模式。

（三）凯恩斯区域乘数理论

乘数效应是一种宏观的经济效应，也是一种宏观经济控制手段，是一个经济过程中，某个变量的增加或减少，对整个经济的影响所产生的连锁影响。在地区经济发展中，这一概念主要表现为以地区间的相互关系为纽带，以行业间的相互联系为纽带，对周边地区起到示范、组织和带动作用。通过循环往复和因果累积，这些影响被不断地强化，被不断地扩大，凯恩斯区域乘数由标准凯恩斯国民收入—支出乘数模型改造而来。

区域经济在某种程度上与国民经济不同，有自己独特的性质，导致凯恩斯区域乘数也在一定程度上与标准凯恩斯国民经济乘数有所不同。

二、区域经济增长阶段

区域经济由不发达到发达是一个漫长的演化过程。在这一过程中，区域要素供给、产业结构、空间结构乃至资源配置方式均具有明显的阶段特征。区域经济增长（发展）阶段理论即通过对区域资源要素配置、经济增长、产业结构及空间结构演化等方面作用机制的分析，探究区域经济由低级到高级、由贫穷到繁荣的阶段性规律。基于所分析的区域类型特点，区域经济增长（发展）阶段理论可分为罗斯托的经济成长阶段论（前文已叙述，此处不再赘述）、一般区域经济增长（发展）阶段理论、特殊区域生命周期理论（本文不予详细阐述）和约翰·弗里德曼（John Friedmann）的区域空间成长阶段理论四大类。

（一）一般区域的经济增长阶段

1. 胡佛—费雪的区域经济增长五阶段论

《区域经济增长研究》是美国地区经济学者约瑟夫·费雪（Joseph Fischer）、胡佛等人提出的一篇文章。这一理论指出，任何一个地区的发展都有一个“规范的阶段顺序”，其包括五个阶段。

第一，经济上的自我维持时期。这是一个地区发展的初期阶段。其主要特点是：地区工业基本都是以农业为主，人口结构以农民为主；地区经济具有很强的封闭性，地区之间的经济联系十分薄弱；所有的经济活动都是随着农业的发展而变化的。

第二，农村工业产业的萌芽时期。伴随着交通运输和商贸的发展，农村工业产业也随之兴起，对地区经济发展起到了举足轻重的作用。

第三，农村生产结构的转变时期。随着地区间贸易的扩展，地区的农业生产从粗放型逐步向集约型和专业化农业转变，从畜牧业向果蔬、奶酪和园艺生产转变。

第四，工业发展的时期。在人口增长和农业生产达到一定规模之后，由于规模回报的递减和采掘业的生产效益的降低，使地区不得不寻求工业化。

第五，服务业输出期（成熟期）。这是一个区域经济增长的最后阶段，在这个阶段，区域已经完成了为出口服务的服务业的专业化生产，并将资本、熟练技术人员输出到区外，并为不发达地区提供专业化服务。因此，专业性服务的输出渐渐变成了一个地区经济增长的驱动力。

胡佛·费雪提出的区域经济增长阶段理论，是对欧洲地区经济发展阶段说的一种拓展，它揭示了技术变革背景下地区产业结构演变的普遍规律。这一理论认为，一个地区的经济发展必然要经过两个相互补充的发展阶段：一是一个地区从封闭到开放，区域商品流通、交通费用的降低是重要因素；同时，地区经济也要实现从第一产业到第二产业再到第三产业的转型，而实现该转型的核心就是实施地区工业化战略，只有从农业和采掘业这样的初级产业，到以生产为主的第二产业，才能实现地区经济的可持续发展。

胡佛·费雪所提出的区域经济增长阶段理论也有很大的不足：它仅仅是对地区发展状况的一种描述，而不能说明地区发展的动态机制和成因；从理论运用的角度来看，并不是每个地区的经济发展都一定要经过这种“标准阶段次序”。

2. 陈栋生、魏后凯的区域经济增长四阶段论

陈栋生和魏后凯所著的《区域经济学》《西部经济崛起之路》和《现代区域经济学》等书，都主张以“四个阶段”为核心的区域经济发展（增长）的理论。在这一理论中，一个地区的经济增长是一个渐进的过程，可以划分为“未发育”、“成长”“成熟”“发达”和“衰退”。

第一，未发育阶段，这是一个地区的经济发展初期。

它的特点是：地区经济发展不充分，生产力水平低，生产方式落后；产业结构比较单一，以农业为主；商品经济非常落后，市场很小，发展速度很慢，在很长一段时间内都处于一种自给自足或不自足的自然状态；自身资本的累积能力较差，自身开发能力较差；各类经济活动具有明显的空间扩散特征。在此阶段，通过整合外部资金、人才和技术，并与地区内部环境相结合，形成自身的发展能力，从而启动地区的经济增长。

第二，成长期，即地区经济跨越了工业化的起步期，并呈现强劲的发展态势。

它的基本特点是：地区经济发展速度快，经济总量的快速扩张；产业结构发生重大变化，工业逐步取代了农业，占据地区经济的主体地位；商品经济高速发展，市场的规模越来越大，地区的专业化程度越来越高，优势产业已经或者正在形成；人口与产业活动在城市中快速聚集，从而形成一个又一个的增长点，带动一个地区的经济发展；随着地区经济规模的扩大和结构的改变，地区社会、文化理念也随之发生了改变。促进区域经济发展从不发育阶段进入成长阶段的实现途径有外部推动型、国家投入型、自身积累型和边贸启动型。

第三，成熟（发达）阶段，区域经济经过成长阶段的高速增长后逐步进入成熟（发达）阶段。

它的主要特点是：地区经济增速放缓，逐步趋于平稳；工业发展程度较高，服务比较发达，基础设施比较健全，交通和信息已基本形成网络化；产业结构完整，分工明确；区内资本积累能力强，人力资本丰富。处于这一阶段的区域通常是国家经济中心区所在。

第四，衰退阶段，由于运输地理位置的变更、产业布局指向的变化、资源的枯竭、技术和需求的变化，部分区域在经历成熟阶段后，有可能转入衰退阶段。

它的总体特征是：经济增长缓慢，原有的增长中心和主导产业发展势头丧失；传统的衰退产业所占比重大，区域主导产业链条在时序上缺乏有机连接，导致区域经济的结构性衰退，若结构调整滞缓，缺乏新兴替代产业，则区域经济将出现绝对衰退，逐步走向衰落。在区域沦为衰退区前，应及时调整区域产业结构，扶持新兴产业和替代产业，谋求经济的多元化，促进区域经济持续发展，进入新的成长阶段，开始新一轮成长过程。

陈栋生、魏后凯的区域经济增长阶段论是中国学者最早创造性地倡导的一种具有一定代表性的区域经济发展阶段理论，它实质上是一种关于区域经济成长阶段的定性分析和描述。

3. 郝寿义、安虎森的区域经济增长四阶段论

郝寿义、安虎森等在《区域经济学》和《区域经济学》（第 2 版）等书中将一般区域的经济增长分为待开发、成长、成熟和高级化四阶段。

第一，待开发阶段。其整体特征表现为以下四点：①经济结构落后。农业在经济结构中居绝对地位，以粮食生产为主的种植业是最主要的经济活动内容；工业所占比重极低；第三产业不发达。②要素配置不合理。区域储蓄能力弱，资本形成不足，资本稀缺是区域经济增长最主要的制约因素；区域劳动力充裕，后备劳动力资源极为丰富但素质低下；经济活动对自然的依赖性强，劳动生产率低。③经济活动处于自给自足的封闭状态，与区外经济联系微弱。④经济增长缓慢，经济发展水平低下。

第二，成长阶段。其总体特征表现为以下三点：①区域工业化开始启动，经济结构明显改善。农业所占比重明显下降，农业内部结构不断调整；工业成为区域经济的主导部门，资源密集型产业和劳动密集型产业占主体地位，资本密集型产业呈良好发展势头；服务业发展迅速。②要素配置更为有效。区域人均收入水平明显提高，居民储蓄能力增加，促进了资本形成及区域资本供给能力提高；农业劳动力逐步向工业和其他产业转移，劳动力素质不断提高。③劳动生产率不断提高，经济增长速度较快。

第三，成熟阶段。其总体特征表现为：①区域经济基本实现现代化，第三产业的增长速度高于工业、农业等物质生产部门的增长速度，劳动力由物质生产部门向第三产业转移；②推动区域经济增长的因素已由要素投入数量的增加转变为要素配置效率的提高和技术创新能力的增强；③劳动密集型产业逐渐被资本、技术密集型产业取代，促使区域产业结构高级化；④农业全面实现机械化，工业基本实现自动化，金融、保险、咨询、技术服务等新兴第三产业发展迅速；⑤要素供给质量明显提高，技术创新能力增强，产业结构不断升级，区域经济快速增长。

第四，高级化阶段。其总体特征表现为：①区域经济完全实现现代化，推动区域经济增长的主导因素已由要素投入的增加转变为技术和组织创新；②大型企业集团迅速成长、扩张，日益成为区域经济发展的主导力量；③区域和外部的经济联系更为密切，向外输出技术含量高的物质产品以及技术、资本和其他服务；经济联系范围更加广阔，国际市场对区域产品的需求状况以及区域产品在国际市场的竞争能力，对区域经济增长影响甚大；④消费结构发生根本性变化，物质消费退居次要地位，追求精神享受成为主流，服务于这一消费结构变化的第三产业快速发展，成为推进经济增长与发展的重要力量之一。

郝寿义、安虎森的区域经济增长阶段论基本上是一种区域经济增长阶段的定性描述，未涉及区域经济增长“衰退”现象、区域经济空间结构变化等内容。

4. 蒋清海的区域经济发展四阶段论

蒋清海在对中外地区经济发展阶段划分的标准和理论内涵进行了全面对比分析的基础上，提出了四条主要的地区经济发展阶段划分标准：制度要素是地区经济发展阶段划分的背景条件；产业结构是衡量一个地区经济发展水平的重要指标；空间结构是衡量一个地区经济发展水平与其他地区经济发展水平的关键标准；总量水平是衡量一个国家经济发展水平的尺度。

根据制度因素标准将区域经济发展的四个阶段标示并命名为传统经济阶段（包括原始经济和农业经济时期）、工业化初期阶段（工业化兴起时期）、全面工业化阶段（工业化中兴时期、工业化成熟阶段）、后工业化阶段（信息经济阶段）。

（二）区域空间成长阶段理论

美国著名城市与区域规划学家约翰·弗里德曼的区域空间成长阶段理论以“空间规划”理论闻名于世。他通过对发达与欠发达地区的空间发展计划进行了长期的考察，并根据区域间不平衡的长期演化趋势，把经济体系的空间结构分为“中心”与“边缘”。他于 1966 年发表《区域发展政策——委内瑞拉案例研究》，第一次提出中心－边缘理论，并在《极化发展的一般理论》中进行了改进，在此基础上，形成了一套可供发达国家和发展中国家进行空间规划依据的一般性理论。

根据弗里德曼的观点，中心－边缘空间的不均衡受一国或一个地区的经济、社会、政治等方面的影响。弗里德曼基于中心－边缘理论，从空间结构、产业特性和制度环境三个方面对地区经济发展进行了划分。

1. 工业化过程以前资源配置时期

这一时期，该地区的生产力水平很低，以农业为主导，城镇规模很小，腹地间的联系很少或者很弱，空间结构还处于原始状态。

2. 核心边缘区时期

随着社会分工的深入和地区间的贸易越来越多，那些具有优越区位、优越资源优势和便利交通条件的地区被开发成了城市，也就是中心，而那些乡村地区成了边缘区。核心区具有良好的开发条件和较高的经济效益，具有支配地位优势；边缘区因开发环境恶劣、经济效益低下等原因，对核心区有一定的制约和依赖，处于被支配地位，核心区和边缘区之间的“二元”格局非常显著，经济发展的不平衡性日益突出。

3. 工业化成熟时期

伴随着区域经济的快速增长，核心区和边缘区之间的空间差异也在不断扩大。权力的配置、资金的流动、科技的创新、人口的流动，都在不断地向核心区域集中。

4. 空间经济一体化时期

在经济进入可持续发展时期后，随着国家干预力度的加强、人口的区际转移、市场规模的扩大、交通条件的改善以及城镇层级的扩展，核心区和边缘区之间的界线将逐渐消失，从而使地区的空间结构趋于整合。

弗里德曼的区域经济发展阶段论在 20 世纪 70 年代初期将政治、文化等社会要素纳入区域空间体系中，突破了以往对城市与区域发展研究局限于经济层面的问题，提出了“经济发展不平衡”的概念，并指出“经济发展不平衡”会导致区域与区域之间以及区域内部与其他区域之间的空间不平衡。这一不平等不仅仅是指发展水平的差异，如人均收入和社会制度，同时，也导致了地区之间竞争的机会与实力的不平衡。这一差距是区域经济发展中亟待解决的一个重大问题。然而，由于弗里德曼的中心－边缘理论中所牵涉的因素太多，使得理论研究受到了很大的局限。

第二节 区域经济分异理论

要对地区发展差异有一个全面的了解，并充分发挥各地区的优势和特点，从而推动地区经济的协调发展，就需要对地区经济所依赖的客观基础、造成地区经济差异的因素进行分析。

一、区域经济分异的客观基础

（一）生产要素的不完全流动性

由于空间是非均质的，气候、矿藏、土壤、江河、地形和其他许多自然特征在空间中显现出某种不均匀分布，并表现出完全的或部分的不流动性，许多类型的经济活动在特别的地理空间上形成。

这种不完全流动性包含了两个层面。一是有的生产要素是可以流动的，有的是静止的。前者包括人口、劳动、资本、材料、设备、技术；后者包括土壤、矿床、地形、水文、气候等。这些资源与环境在地域上的不均匀性，是造成“一定地区内有一定经济活动”的根本原因。二是指可流通的生产因素具有一定的有限性或非完全具有自由度。

（二）经济活动的不完全可分性

不完整的要素流动对区域经济发展仅仅是一个必要的，而不是一个充分的条件。我们可以假定，在一个资源与自然条件完全相同，要素能够充分流通的大草原上，从逻辑上讲，经济活动会呈现什么样的模式？一般人都会想到，要么所有的行业都集中在一个地方，要么所有的行业都平均地分布在一个区域，要么所有的行业都是混乱的，没有任何规则的。但实际上并不是这样，而是会形成一种严密的、有规律的结构，其原因之一就是经济活动的不完全可分。

不完全可分的经济行为表现为产业的规模经济与集聚经济（又被称为“外部经济”）。规模经济一般分为内部规模经济与外部规模经济。内部规模经济是指生产规模的扩大而产生的平均生产成本的降低，生产规模的扩大有利于生产的专业化以及产品的标准化，从而提高生产效率和劳动生产率。外部规模经济是一种空间集聚经济，即多数不同的工厂、企业在同一空间地域内的集聚与联系，导致平均生产成本的降低和经济效益的产生。规模经济和集聚经济推动了生产要素和企业在一定空间范围内的相对集中，形成了以城市为中心的区域经济。

（三）商品和劳务的不完全流动性

空间是有距离的，从一端到另一端，不仅要耗费时间，而且要付出费用，克服空间分离的耗费即距离成本。产品和劳务是不可能免费或在瞬间完成流动，要素流动需要花费运输费用、时间成本、信息成本、心理成本等，而这些成本会限制自然资源优势和空间集中经济可能实现的程度。[①] 在经济活动中，生产地、原材料地、市场通常不在一个地方，因此，企业在选择这三个地方的时候，必须选择一个距离最近，运输成本最低的地方。顾客到店里买东西，需要花费一定的时间和费用，所以他们倾向于在附近买东西。这种“距离代价”制约着天然优势的发挥，制约着地域聚集经济的形成，并将经济活动限定在一定的空间内。因此，它是地区经济存在的重要依据。

上述生产要素的不完全流动性，经济活动的不完全可分性，以及商品和劳务的不完全流动性，共同组成了区域经济发展的三大基石。

二、影响经济空间集聚的基本要素

新经济地理学认为规模收益递增、运输成本和不完全竞争是影响经济空间集聚的三个基本要素，构成了区域经济学新三大基石。

（一）规模收益递增

规模收益递增包括两个方面的解释：一方面是指单个企业生产的规模收益递增，具体是指在企业内部由于生产规模的扩大带来产出的增加，虽然可变成本在增加，但单位产出的成本在不断下降，从而产生规模收益递增的现象；另一方面的解释是分工演进的规模收益递增，由于前后向关联等外部性的作用，处于一条生产链不同阶段的企业集聚在一起，形成地理上的集中，地理上的集中形成大型的聚集地区，其规模优势远远大于某一个部门或产业的集中优势，同时，行业内每个企业从整个行业的规模扩大中获得更多的知识积累，产生肯尼斯·阿罗

① 吴一曦．我国区域经济学的发展趋势研究[J]．记者观察．2018（36）：119．

(Kenneth Arrow) 所说的“干中学效应”。规模收益递增为地区获得竞争优势创造了前提。

(二) 运输成本

运输成本泛指商品和劳务在空间转移过程中发生的所有费用。传统经济学假设空间是匀质的，商品和服务可以在瞬间流动，故不考虑运输成本，这显然与现实有很大差别。现代主流经济学将运输成本解释为“冰山成本”，即商品或者劳务在空间转移过程中会发生损耗，科学技术的发展和交通运输水平的提高会逐渐减少经济活动的运输成本，但并不能轻易改变运输成本因素在空间经济活动中的重要作用，运输成本仍是决定厂商区位选择的重要因素之一。

(三) 不完全竞争

现实生活中很少存在真正意义上的完全垄断或完全竞争的经济活动，不完全竞争的经济环境是现实经济活动的常态环境，由于不完全竞争的存在，当某个地区的制造业发展起来之后，形成工业地区，而另一个地区则仍处于农业地区，两者的角色将被固定下来，各自的优势被锁定，从而形成中心区与外围区的关系，地区之间有各自的竞争优势。

三、经济活动的区位差异分析

区位指的是一种主体或事物所占据的地方，它可以被识别为一定的空间坐标。区位本身并没有什么好与坏的区别，但是在特定的经济体系中，因为社会经济活动的相互依存性、资源空间分布的不均匀性以及劳动与贸易的地域性特点，各区位对经济活动在市场、成本、资源、技术等方面的约束不同，从而产生不同的经济利益。因而在区域经济学中，区位更多地强调经济利益差别。

(一) 经济区位

经济区位是指一个国家为了从事经济和社会活动而占据的位置（也就是从事经济活动的区域或位置）。工业生产所占有的地点就是工业区位，而居住活动所占据的地方就是居住区位，各个城市经济活动所占据的地方就是城市区位。经济区位是一种重要的经济行为，它直接影响着一国经济行为的结果。

（二）区位单位

区位单位是指在一个特定的地理位置上所形成的社会经济整体中的各种要素。规划是城市空间布局的主体单位。在不同的研究层面上，区位单位的具体含义是不一样的。例如，在研究区域产业布局时，某一工业行业整体即可视为一个区位单位；而在更微观的研究层次上，区位单位则可能是指一个工厂、学校、百货公司等。可见，区位单位是经济区位的主体因素，是社会经济活动区位布局的物质实体。

（三）区位因素

区位因素是对区位单位进行空间布局所受的外在制约。在不同的区位，由于人口和资源分布、市场供求状况等因素的不同，其区位利益就会有很大的差别，区位单位的分布状况也会有所不同。地理位置的相对优势，在很大程度上是由四大要素决定的。

一是区域投资。也就是在这个区位上，不容易被转移的投入的供应状况，具体来说，就是存在于某一区位，难以从其他地方移入的原料、供应品或服务等。例如土地资源、气候资源、矿产资源、医疗、教育等。

二是区域性的要求。也就是这个地方对于非流动产品的需求情况。这要视地区人口的多少、收入的高低等因素而定。

三是输入的投入。也就是从外界资源来源到这个位置上的可转移投入的状况。比如输入区域经济发展所依赖的资本、技术、劳动力、一般原料供应等，它在一定程度上反映该区位的经济吸引力。

四是外部需求，即区域向外部市场销售可转移产出物中得到净收入的情况。通常情况下，优越的区位产品外销费用低，可利用发达的流通渠道输出产品迅速赚取收益，而处于不利区位上的经济产出则受到当地生产技术水平和市场、运输条件等因素的制约，不容易输出到区外。它在一定程度上反映该区位在大区域中的地位。

区位因素也称为“区位因子”，可以根据其特点划分为自然因子（包括自然条件和自然资源）、运输因子、劳动力因子、市场因子（市场与企业的相对位置、市场规模、市场结构）、集聚因子（集中或分散）、社会因子（包括政治、国防、文化等）。在不同的区位上，区位因素（区位因子）不同，其区位利益具有很大的差别，从而也就决定了各个区位的相对优劣。

四、产业布局指向差异

产业空间分布受多种要素及空间分布机制的影响，呈现向特定区域集聚的趋势，这就是所谓的产业布局指向。

（一）产业布局指向的主要类型

第一，燃料指向和动力指向（也就是能源指向）。例如，火力发电厂，有色金属冶金，稀有金属，合成橡胶，石化等行业。此外，重机制造业，水泥，玻璃，造纸等也是以能源为导向的工业。在这些行业中，能耗占据了较大的比例，其可供给、价格及潜在保障水平是影响行业分布的主要因素。

第二，原料地指向。以“原料地指向”为特征的行业，主要是以采掘业为主的行业，其特点是原料运量大或可运性小，如原料开采、化纤、人造树脂、塑料、水力发电、钢铁、建材、森林工业、机械制造（部分），以及轻纺工业、制糖、罐头、肉类加工、水产加工和茶叶、棉花、毛皮等的粗加工业。原料地指向的产业大都是耗材较多的工业部门，通常需要考虑到资源的数量、质量、开采的时间，以及运输的能力等。

第三，市场指向（也就是消费的指向）。在这些行业中，有面向本地消费者的行业，也有容易腐烂、不易运输、不易贮存的行业，如重型机械、大型机械、特殊机械、建筑零件、面包、糖果、缝纫及各种副食品的生产企业。布局的关键要从产品自身的特点、产品最近销售所占的比例和消费地点所能提供的行业合作的范围等方面来考虑。另外，传统服务业、小企业等在城镇中的区位单位，其运作状态及存续状态，在很大程度上依赖于城镇内部的市场需求情况。

第四，劳动力指向。在以劳动力为指向的行业，劳动力费用所占的比例较高，远高于其他各项的费用。比如，制造仪器，纺织，缝纫，制鞋，制药，塑料，工艺品，等等。在对劳动密集型产业进行规划时，常常要考虑到区域内的劳动力供给情况。

第五，交通运输指向。对产品耐运性较强、运费在产品成本中所占比重很高的部门而言，港口或其他转运点是最小运输成本区位。另外，若生产地与市场之间有直达运输线，企业布局在交通线的起点或终点可减少中转费用。

第六，高科技指向。面向高技术领域的产业，如电子计算机、生物工程、航空航天、机器人、新材料、新能源等，需要应用最新的技术，有较强的研究开发能力，有较好的装备，有较高的工作人员素质，且大多位于研究机构和高校聚集的区域，如日本筑波、我国的中关村等。

第七，环境指向。对于某些区位决策单位来说，区位的优劣主要是由其区位上的多种要素的综合情况，也就是区位环境的好坏决定的，较为典型的例子就是，一些高科技企业的区位选择，更多是受其区位上科技、人才供给、创新激励等综合环境的影响。

（二）产业布局指向的新变化

由于企业规模技术特征、企业所有权状况、科学技术发展、市场竞争变化对产业布局产生影响，传统布局主要是对物质产品生产的布局，现代布局增加了对知识产品生产的布局。布局指向产生新变化。第一，无指向性产业增多。由于要素流动、网络和电子商业的发展，一些产业的布局指向越来越不明显。第二，聚集型布局指向出现，即许多具有生产关联和非直接生产关联的企业在空间上集中布局，以获取更多效益。第三，在传统区位因素的基础上，区域软环境、智力资源、网络等新区位因素日益重要。

（三）影响区位选择和产业布局的主要机制

对各种经济主体的区位选择和产业布局产生影响的主要机制有四种：一是利益驱动机制，也就是微观经济主体在利润、效用、福利最大化的驱动下，作出区位抉择和布局决策；二是市场调控机制，市场通过价格机制引导和调节微观经济主体的区位选择和布局决策；三是宏观调控机制，国家或地方政府运用投资、财税等手段，改变区位优势，调整优化区域空间布局；四是目标驱动机制，通过建立国家、区域或企业发展目标体系，间接引导和改变微观主体的区位选择。

第三节　区域经济发展理论

一、区域经济非均衡增长理论

区域经济均衡增长理论的理论基础是经济增长理论，实践基础是发展中国家和欠发达地区的经济社会状况。目的是通过对发展中国家和欠发达地区总体情况的分析，提出使其摆脱贫困，实现工业化和现代化的路径。这一理论产生于20世纪40年代，有代表性的学者是拉格纳·纳克斯（Ragnar Narkse）和保罗·罗丹（Paul Rodan）等。他们提出的均衡发展理论，都把启动发展中国家经济发展的切入点选在了投资环节，特别是罗丹提出的在工业化初期，应将投资的重点放在基础设施和轻工业部门的理论上，不仅在当时的历史条件下是合理的，而且对当前我国西部大开发战略的实施也有极好的借鉴意义，但是由于这些理论的创建者均没有提出该理论的阶段性或时限性，使其在实践中出现了普遍以牺牲较发达地区的经济利益为代价、降低经济效率的诸多案例。

此外，虽然他们强调政府在推进发展中国家和欠发达地区经济发展中的作用是正确的，尤其是在工业化发展的初期阶段，政府的作用是市场所不能取代的，但这也应有个时限。并且由于各地区的差异，在经济发展中非均衡是常态，不可能达到理想中的均衡发展。这正如恩格斯所讲的，在国与国、省与省、地方与地方之间，总会有生活条件方面的某种不平等存在，这种不平等可以降到最低程度，但是永远不可能完全消除。

经典区域经济非均衡增长理论发端于现代区域经济学学科正式形成及早期发展的20世纪五六十年代，在20世纪七八十年代不断拓展。20世纪90年代以来，中外学者对区域经济非均衡增长理论又做了进一步丰富拓展，区域经济非均衡协调发展理论、区域经济后发优势理论等蓬勃发展。

（一）“极化—涓滴效应”理论

1. 理论要点

阿尔伯特·郝希曼（Albert Hirschman）是非均衡增长学说的重要代表，他在1958年发表的《经济发展战略》中主张非均衡增长战略是最好的经济发展方式。他指出，并非每一个地区的经济会同时发展，但当一个地区有了发展，就会产生一股强大的推动力，形成促使经济发展集中于原点的发展阶段。在经济发展的进程中，通常会有一个或者多个地区的实力中心最先发展起来，而增长点或增长极的出现，就一定会意味着世界范围或者地区范围内增长的不平衡，这是增长自身必然的伴随生物，也是一个前提条件。欠发达地区要把有限的资源、资金先用于发展某些行业，然后再用这些行业的发展来推动其他行业的发展。

2. 区域非均衡增长中的两种效应

第一，“极化效应”的出现，是因为发达地区的高工资、高利润、高效率以及良好的生产与投资环境，使得落后地区的资金、技术和人才持续被吸引，导致了它们的经济收缩，地区之间的经济发展差异越来越大。

第二，涓滴效应，也称“淋下效应”“渗透效应”，主要是由于发达地区对落后地区的购买力或投资的增加，以及落后地区向发达地区的移民，从而使落后地区的边际劳动生产率和人均消费水平得到了提高，这样会缩小两者之间的差距。

（二）循环累积因果论

新古典主义经济发展理论认为，生产要素在地区、部门之间自由流动，工资、利润由劳动、资本的供求运动自动趋于均衡。因而，市场机制的自发调节可以实现资源的最优配置，达到经济均衡发展的目标。瑞典经济学家贡纳尔·缪尔达尔（Gunnar Murdal）认为这一观点与经济发展的实际不相符。缪尔达尔于 1957 年在他的著作《经济理论和不发达地区》中，首次提出了“循环累计”的因果关系说。缪尔达尔提出，回流效应和扩散效应是经济增长的两个主要途径。回流效应是指由于生产要素收入差异而导致的劳动力、资本和技术从欠发达地区流向发达地区的现象。扩散效应指的是将发展的力量从经济发展的中心向其他区域扩散，即当经济发展到一定水平时，在经济发展过程中，生产要素如劳动力、资金、技术在某种程度上发生了从经济发展水平较高地区向经济发展水平较低地区的流动。

缪尔达尔将循环累积的因果关系应用到区域经济发展中，认为市场的作用往往会使区域之间的差距扩大，从而形成一种持续的、累积的经济加速增长，并伴随着扩散与回流的双重效应。在一个地区的经济增长中，由于市场机制的作用，扩散效应其影响程度远小于回流效应。在扩散与回流这两种反差力量的运动中，发达地区的经济增长表现为一种持续上升的态势，而不发达地区则表现为一种持续下降的态势。一个地区的经济发展，必然会损害到其他地区的利益。

缪尔达尔认为，若任由市场力运作，而没有政府介入，则会造成一种循环往复的因果关系，造成一种在地域上的二元经济格局。区域之间的差距不断扩大，不但会对落后地区的发展造成不利影响，也会影响整体的经济增长。

缪尔达尔基于动态非均衡的分析，对区域经济发展提出了一些建议，认为在经济发展的早期阶段，应该采用非均衡的发展策略，把发展潜力大的地区作为重点，这样才能获得更高的投资效率和更高的发展速度。并以此为基础，对其他区域进行辐射带动。在经济发展到一定程度后，为防止贫富差距进一步拉大，国家应该采取一系列措施，对落后地区进行激励，以缩小区域间的差距。

（三）“倒U形”学说

美国经济学家奥利弗·威廉姆森（Oliver Williamson）在对全球24个国家的地区经济发展指数进行了实证研究后，于1965年提出了“倒U形”区域经济发展规律。

1. 研究思路

威廉姆森首先收集1940—1961年世界上24个国家的区域所得、人口资料，以计算各国的区域不平衡指标。他通过进行横断面分析的比较结果发现：经济发展较成熟的国家（如美国、英国、瑞典等），其区域间的不平衡程度较小，而中等收入国家（如巴西、哥伦比亚、西班牙等）则因为正处于经济起飞阶段，区域不平衡程度极大。其次，对10个国家进行时间序列分析，以揭示单个国家区域收入差异的变化趋势。从结果可以看出，大多数已开发国家，其区域间不平衡程度多经历了递增、稳定和下降三个阶段。

2. 主要观点

在一个国家内，当经济发展处于初期阶段时，区域增长是不平衡的，各地区之间的经济差距总体上并不大；一国的总体经济增长速度越快，地区间的经济差距越大；在一国经济发展到较高程度后，地区间经济差距拉大的趋势逐渐变缓，直至停止；当一个地区的经济发展到一个成熟期时，其差距就会逐渐缩小。从长远来看，地区经济发展将趋于平衡。因此，区域经济差距和一国经济发展程度的改变，其形态就像一个倒写的“U”，因而被称作“倒 U 形”。

总而言之，非均衡增长理论主要以区域经济不平衡发展的客观规律为基础，同时也对均衡发展理论中存在的问题进行了解决，强调落后地区不具备资本和其他资源（如人才、技术、原材料等），因此，在理论上，不可能实现均衡增长。区域经济的非均衡增长理论与区域经济增长的普遍规律相一致，在制定不同阶段的生产力分配政策时，要从主导全局的几个发展状况良好的重点部门、重点地区进行重点开发，使其从不平衡走向相对平衡。在此基础上，提出了一种新的发展模式——“极化”与“扩散”的互动与转换。在区域成长早期，“极化”作用大于“扩散”作用，导致区域间的经济差异不断扩大，主要体现为要素优先向少数几个地区（增长极）聚集，更能获取更多的利益和发展。在地区发展的中后期，地区间的扩散效应越来越明显，地区间的集聚经济会向周边地区扩散和渗透，从而使地区间的经济差距进一步缩小。

其实，均衡发展论和非均衡发展论并非如人们所看到的那般针锋相对，而是具有一定的一致性，只是在侧重点上有所区别。均衡和不均衡作为一对矛盾的统一体，在一个地区的发展进程中不断地发生着变化，促进其由低级到高级的演变。

二、区域可持续发展理论

（一）可持续发展的基本内涵

可持续发展被定义为：在不损害后代满足需求的情况下，能够满足当代人类需求的发展。它的核心理念是：要实现经济的可持续发展，必须实现社会的公平，必须让人们主动地参与到自己的发展决策中来。其目的是在满足人的多种需要，实现人的全面发展，并在不危害后代的前提下，实现资源与生态的有效利用。

可持续发展具有四大基本含义。第一，发展的内容包含了经济的发展、社会的发展，维持和建设良好的生态环境。持续的经济发展与社会进步，离不开良好的生态环境。经济发展既要注重数量，又要注重质量。“量”的增加具有一定的局限性，但“质”的提高所带来的经济效益、社会效益和生态效益却具有可持续性。第二，可持续地使用自然资源，以保证社会、经济的可持续发展。可持续发展在很大程度上取决于可再生能源，尤其是生物能源。在此基础上，应采取多种措施，以维持天然的生态环境、维持地球的生存环境和维持生物多样性。第三，自然环境是人类社会和经济发展赖以生存的物质基础，因此，可持续发展的目标，就是要寻求一种新的和谐的发展。第四，控制人口增长和减贫是一个重要的议题，与生态环境的保护紧密联系在一起。

可持续发展思想与经济、社会、生态环境系统相互联系、相互作用和相互制约的内在关系和要求相一致，它是符合人类和自然界发展规律的科学的新发展观。

（二）区域可持续发展

区域可持续发展指的是运用生态经济学的原理与方法，寻求地区经济发展与生态环境的最佳关系，从而使区域经济与人和自然保持和谐、高效、优化、有序地发展。其本质就是，在地区经济发展的过程中，要将局部利益与整体利益相结合，将当下利益与长远利益相结合，要将地区自然资源的长期供应能力和生态环境的长期承受力相结合，在保证地区社会经济得到稳步发展的前提下，追求有效地控制地区人口增长，合理地开发利用自然资源，维持生态环境的良好循环，因此，地区可持续发展是地区经济发展的最高层次。

区域可持续发展体系是一个非常复杂的体系，既包含了人类社会自身，也包含了与其相关的各种基本要素、关系与行为。本文从人口、资源、环境、经济、社会等五个子系统对区域可持续发展进行了研究。

一是人口系统。在区域可持续发展体系中，人口系统是一个重要的组成部分。要想使地区经济得到可持续发展，必须采取科学教育、技术管理、提高人口质量等措施。

二是资源系统。区域可持续发展体系是建立在资源系统之上的。要实现经济的可持续发展，必须对资源进行合理的开发与利用。

三是环境系统。要实现可持续发展，就必须进行环境保护，而环境质量的优劣则决定了可持续发展与非可持续发展。

四是经济系统。在可持续发展系统中，经济系统是最核心的组成部分。要实现区域的可持续发展，必须进行经济发展。

五是社会系统。社会系统质量对人口、资源、环境、经济等多个子系统之间的相互关系具有重要意义。经济社会的稳定和政治制度的完善，为经济社会的可持续发展提供了保障。

（三）区域可持续发展的识别标志

第一，区域人口数量。区域人口的出生率与死亡率应达到并保持基本的平衡。

第二，区域人均综合财富保持稳定并逐步增加。据世界银行报告，综合财富包括自然财富（如土地资源、水资源、矿产资源、生物资源等）、生产财富（如工矿设施、基础建设、固定资产等）、人力财富（如教育水准、科技能力、管理水平等）、社会财富（如社会秩序、社会保障、组织能力等）。

第三，区域科技进步。区域科技进步的贡献率应当抵消或克服投资的边际效益递减率。

第四，区域资源要素。其主要指标包括区域内森林的采伐率与营造率之间保持基本平衡、草原的牧养量与载畜能力保持基本一致、地下水的抽取量与补给量保持稳定的动态平衡、耗竭性资源开采量与探明储量间的动态平衡。

第五，区域环境演化。其主要指区域人类活动与环境的协调，识别指标有人为的温室气体的产生率与环境中的固定率在长时期内保持平衡，避免全球变暖现象加剧；环境污染源的物质排放量与环境自净能力基本平衡。

第六，区域社会管理。一是要在效率与公正之间寻找均衡点与结合点；二是要在环境与发展之间寻求某种积极的均衡，并设计定量监控指标。

第四节　经济地理理论

随着全球一体化进程的加快，经济地理受到越来越多的关注，其研究也越来越深入，越来越丰富。近三十年来，经济地理学出现了新的复苏，主要表现为：理论依据的不断完善，研究方法的不断完善，经验研究的范围不断扩大。20 世纪 90 年代末以来，随着地理学者对社会变迁与文化变迁的关注，经济地理学也随之发生了文化、制度、关系与规模等方面的变化。

以克鲁格曼等人为代表的西方大经济学家，对地理和空间这两个概念产生了浓厚的兴趣，并把它们引进主流经济学中，从而实现了“经济地理学”的再认识。

一、新经济地理学

在什么地方生产，这是人类必须面对的一个问题，即一个社会要对其有限的资源进行有效的管理。新经济地理学采用完全理性、效用最大化、同质性等假定，假定市场结构已定且竞争是不完全的；新经济地理学认为，在宏观层次上，集群经济的产生是由微观层次上的企业与消费者的空间选择所决定的；新经济地理学采用静态平衡分析的方法。

阿罗和德布鲁（Debreu）在20世纪50年代运用角谷不动点定理等复杂的数学工具，从理论上证实了竞争性一般均衡的存在。此后，如何将地理与空间要素纳入一般均衡的理论框架内，很快就引起了学术界的激烈争论，并逐步形成了“新古典主义”与“艾萨德”两个对立的学派。新古典主义学派主张将空间要素作为一种商品的属性，并将其纳入一般均衡分析中，艾萨德派主张构建一种新的研究模式，以更好地刻画空间要素在经济体系中的作用。斯塔雷特（Starrett）在1978年提出了“空间不可能”理论，也就是当运输成本和空间均等时，不会出现运输成本的竞争均衡。由此从空间不可能理论出发，从空间异质性、外部性和不完全竞争三个角度，对空间要素在一般均衡中的作用进行研究。其中，比较优势理论、要素禀赋论、杜能区位论、阿隆索单中心城市模型，试图通过空间异质性的方式，将空间要素纳入完全竞争的一般均衡分析中。亨德森（Henderson）的城市体系模型通过过对生产外部性的直接假设、卢卡斯（Lucas）与汉斯伯格（Hansberg）提出的城市模型表明，如果一个城市的商业与居民是随意地分布在一个圆圈内，那么就有可能出现一种对称的平衡，这三种模式都是以外部性的方式，在完全竞争的框架下，将空间因子纳入其中。但是，现有的比较优势理论、要素禀赋理论忽略了经济增长的规模回报、交通成本等因素，而杜能区位论、单一中心模式则把城市看作一个外生变量，其实质是一个局部性的平衡；同时，外部性模型忽略了企业层次上的规模经济。要解决企业层次上的规模经济问题，必须在一个不完全竞争的框架下加以解决。贝克曼（Beckmann）首次完整而严格地证明了在企业回报递增、与周边企业形成寡头竞争等情形下，企业数量是如何依赖于企业内部规模回报递增与运输成本的。

1977年，迪克西特与斯蒂格利茨将企业的规模回报与垄断竞争结合起来，构建了一个关于企业如何在企业规模经济与市场多元化这两种博弈问题的一般均衡模型。这项研究引发了贸易发展的变革，也引发了经济地理学的变革。保罗·克鲁格曼于1991年将空间因素引入D-S型市场的竞争模型，从而建立起“中心外围”模型，开创了新的经济地理学。之后，他相继提出和发展了自由资本模型（FC模型）、自由企业家模型（FE模型）、资本创造模型（CC模型）、垂直核心—边缘模型（CPVL模型）、垂直自由资本模型（FCVL模型）、垂直自由企业家模型（FEVL模型）、全域溢出模型（GS模型）、局域溢出模型（LS模型）、线性自由资本模型（LFC模型）、线性自由企业家模型（LFE模型）和新经济地理学城市模型。新经济地理学在经历了几个世纪的发展后，已经日趋成熟与完善。作为现代地理与经济相结合最优秀的桥梁，新经济地理学在世界范围内有着广泛而深刻的影响。

二、制度经济地理学

经济地理学的制度转向可以被认为是制度主义在地理学中的一次成功运用。制度经济地理学认为，经济行为的差异很大程度上源于区域制度的不同。区域制度的差异可以组织管理和企业化的形式存在于企业中，也可以法律框架、非正式规则、政策、价值和准则等形式存在于区域层面中。这种不同导致了企业利润、区域经济增长率、区域收入分配等方面的不同，从而又导致了经济主体在空间上的不同分布。因此，在这一背景下，制度经济地理学必然要对现实地理空间进行假定，因为现实地理空间中存在着各种制度，而这些制度又会对不同地区的经济主体产生影响。因此，在制度经济地理中假定经济主体具有有限的理性，其决定权取决于传统和制度。因此，经济学中不可能只假定一个典型的个人，行为体也不可能盲目地寻求效用最大化，其自身也做不到。因为各个地区的制度、经济行为体各不相同，所以很难用同一个标准的模型来描述行为体和区域制度，正式模型并不适用，更多的是运用了案例研究，沿着从宏观的区域制度到微观的企业的分析路线，经过归纳推理，得到具有普遍意义的经济地理规律。经济地理学者在运用各种制度理论的同时，也探索出了他们自己的具体的空间概念。

“制度空间”是指具体的地理区，在这里构建了特定的制度而且该制度拥有有效范围或影响空间，这样就可以定义制度空间的等级，从超国家制度空间（如国际性的贸易规则），经过国家级的制度空间（如每个国家的福利系统等），到区域和地方的制度空间，如地方政府结构嵌套性就是指各地不同制度空间的组合、相互作用以及联结模式。这样，在同一个国家经济空间内，当人们从一个区域到另一个区域时，不仅可以感受到制度嵌套性变化的详细情况，还可以感受到它们的相互作用。正是在这层意义上，人们可以谈论不同的地方制度在国家级层面上的差异是导致国家在经济组织、发展和增长动力方面出现差异的一个关键因素。在每一个国家，资本主义都是嵌入在不同国家的具体的制度结构中的，这种制度结构的差异使“美国的资本主义”不同于“法国的资本主义”或者“日本的资本主义”。但同时，国家内部区域之间甚至是地方之间也存在制度体制的重要差异。经济地理学家利用“制度厚度”概念去认识这些差异。

萨米尔·阿明（Samir Amin）与思里夫特（Shrift）对“制度厚度”的界定，主要包括以下四个方面：一是通过制度安排（如企业、地方政府、金融机构等）而形成的强有力的制度；二是各系统间存在着高密度的互动，推动了彼此之间的网络协作与交流，造成了区域系统整体上的高互通性；三是要将地方性与体制之间的矛盾降到最低，体制的“厚度”必然要依托于“治理”“联盟”与“群体”的建构；四是包容性与集体动员观，即在一个地区，建立为社会经济发展所普遍接受的一个纲领或规划所确定的共同目标。

三、演化经济地理学

演化方法假设行为体的有限理性、行动者的异质性以及行动者的行为受到规范的影响并非对效用最大化的追求。演化方法认为，由于企业的进入、输出、创新等因素的影响，市场结构发生了内生的变化。在行业发展的初期，很多企业都可以自由地进入，所以市场结构属于一种完全竞争的状态。但是，随着企业的发展，以及组织管理和制度的不断完善，一些企业将会因为组织管理不适应，而面临着诸多困难，从而选择离开。而其他的新企业进入之后，也会面临早期发展较好的企业的竞争和制度的制约，此时的市场结构将会是不完全竞争。

演化方法则遵循从微观层面的企业组织管理到中观层面的产业和网络的空间演化得出宏观层面的聚集经济。演化经济地理学是一种动态演化型的研究方法。演化经济地理的基本理论是从演化经济学与复杂性科学两大学科出发构建的。一方面，演化经济地理学将选择、路径依赖、机会和报酬递增等演化经济学的核心概念运用到经济地理的核心问题上，通过实证分析，从微观、中观、宏观三个层次，探讨区域环境的空间属性对于新的技术变迁形态的可能作用，以及其“新奇”性对空间体系的长期演变的作用；另一方面，演化经济地理学则借鉴了复杂性科学的思维，将经济景观视为复杂的适应性系统，从而构建了一套进化经济地理学。

目前，以复杂科学为基础构建演化经济地理学，亟须解决以下关键问题：一是演化经济地理学的本体问题；二是要从当前占统治地位的复杂性科学中，采取以复杂性为基础的社会存在论方法；三是要明确“空间性”和“复杂性”的关系，无论从理论上还是从实证上都是如此；四是所呈现出来的空间结构与特点是否只是一种结果，或其自身是一种复合体系。

四、演化经济地理学与制度经济地理学的关系

演化经济地理学与制度经济地理学之间存在着诸多相似之处。例如，它们都摒弃了效用最大化理论、均衡理论、强调制度对经济发展的影响。而演化经济地理学对制度经济地理学的批评与发展也都是以制度为中心，在一些颇具影响力的演化研究案例中，也没有将制度因素考虑在内。这是由于从进化的角度出发，在经济地理研究中，制度研究有两大问题。

第一，即便演化主义承认了制度的存在是多么重要，但是其认为这样的制度不利于企业行为的确定，也不利于行业的动态发展。这是因为，即便是在相同的地区制度内，集群内企业间的局部性网络联系程度也是不均衡的。在产业集群中，有些企业与地方知识网存在较强的关联，有些则相对薄弱，甚至完全不存在。因此，大多数的制度对于企业是没有约束力的，或者在企业层次上的具体效果差别很大。还有一个原因是，单一行业的企业能够在不同地区采用同样的做法，而不需要因地制宜考虑当地环境。因此，对于一个公司而言，组织管理的重要性超过了它的制度，发展才是它的竞争优势的关键。

第二，演化学派对部门制度的重视程度。产业体系能够实现供应链和区域间的经济和创新的协调。在很多行业，在涉及产品质量、价格、工资确定、准入要求、技术标准和补贴方面，这些体系都是各行业特有的，很难复制。因此，演化经济地理学将目光投向了企业的组织管理，并将其从微观层面扩展到宏观层面。

演化经济地理学以企业自身的组织管理为切入点，不以实际的地理环境为前

提，它是一种与制度经济地理学不同的中立空间，其选择不是基于简单的模型方法，而是基于理论上的理由。根据演化经济地理学的观点，新产业的地域特征（如地方性制度等）不会对其选址产生影响，因此，新产业的早期发展对其选址的影响很小。

随着各部门的不断成立，各部门之间的关系也在不断地发展变化。由于新部门的成立和发展，以及部门的网络化结构，都会产生路径依赖，从而使制度发生变化或调整。这就会产生一种新的体制，它支持经济行动者的发展，而非一开始就确定一个部门的位置，这是一种基于体制的观点。因此，在经济地理学上，演化方法和制度方法的区别，就在于组织管理与地区体制的区别。演化经济地理学将企业争夺市场份额看作一种基于特定实践的竞争，而非地区制度。组织管理与区域制度虽然存在着一定的正交性，但两者之间却存在着协同进化的关系，尤其是新兴产业间的关系。因此，演化经济地理学需要运用正规模型的方法，而非传统的静态分析，但这并不意味着完全排除了案例研究，在这一过程中，还需要运用归纳推理的方法。

第三章　区域经济发展模式、差异及战略研究

第一节　区域经济发展模式研究

一、区域经济绿色发展模式

2020年，我国积极推进可持续发展，并将“双碳”目标愿景和“十四五”规划纳入生态文明建设的整体布局，以此来解决地区和环境间发展不平衡、不协调、不可持续的问题，从而实现人类共同的发展目标。“双碳”目标愿景是我国重要的战略，为了达成“双碳”的目标，促进生态文明建设，实现经济和社会的可持续发展，政府应采取积极措施，激励所有的积极因素，以促进经济的转型升级。各地区也要加强合作，结合自身的特点和实际情况，不断探索新的发展模式，以实现可持续发展的共同愿景。

减少碳排放并促进碳平衡将是一场长期且重大的社会转型。为此，各地应当根据自身的经济发展目标和生态政策规划，采取行政划分的方式，构建适合本地经济发展的绿色发展模式，达到碳排放的减少和碳中和的目标。

国内学者已经对不同地区的发展模式进行了广泛的实证研究。经过分析，我们发现苏南模式依赖于政府的强制性干预，而温州模式则依靠个人的努力和内部的发展。在京九铁路和陇海铁路的实证研究中，我们采用图形分析法等多种技术手段，对不同的地形条件进行分析，以探讨其在影响区域发展模式的因素，包括人口密度、经济社会活动、交通运输负荷、区域经济投入产出比等。结果表明，地形因素在决定区域发展模式时起着至关重要的作用。经过对苏南、温州和珠江三种模式的深入比较分析，可以清楚地看到它们在不同的社会背景下、不同的经济发展水平下，在模式的演变和创新方面存在着一定的共性，为今后的模式创新

提供了重要的理论指导。在研究“区域、技术、组织”三位一体理论的基础上，我们发现，科技创新对区域经济发展模式的转型起着重要的作用，它不仅可以提高经济发展水平，促进结构的优化，而且还可以改变技术、组织等因素，从而推动经济的发展。经过系统的研究，建立了一个经济发展模式判别指标体系，用来评估资源型地区的发展情况。笔者希望这个体系能够为其他资源型城市的转型发展提供参考。经过深入分析和研究，笔者认为，在资源型区域，要实现绿色发展，必须采取减少物质消耗和产业共生的方式，以此为基础，构建一种减少物质消耗、促进产业共生的绿色发展模式。

总而言之，学术界对区域发展模式的理解大致可以分为两种：第一种认为模式是一种结构，它主要用于分析区域发展模式的特征，以及它们之间的关系；第二种则认为模式是一种路径，是一种普遍存在的思维方式，强调模式的形成过程，并且能够更好地表达出研究结果。因此，在研究过程中，应当从多个不同的视角出发，以便更加全面地展示出对区域绿色发展模式的分析和研究的成果。

根据 287 个地级及以上城市参加的中国城市科学研究会的最新调查结果，“生态城市”和 230 个城市都明确了自己的城市绿色转型目标，这表明，国内正在大力推进城市绿色可持续发展，特别是各种城市的绿色实践，正在成为当今社会的热点话题。伊春市是一个具有重大意义的森林资源型城市，它在构建绿色城市的进程中，不可避免地面临着四大挑战：资源紧缺、结构不合理、体制僵化以及社会不公。因此，我们强烈推荐采取“生态立市”战略规划和“绿色生命”工程措施。为了解决资源型城市过度依赖自然资源所带来的发展危机，必须改变发展模式，并采取循环经济的措施。这种转型可以通过两种方式实现：一种是淘汰落后的产能，使其完全退出市场；另一种是扩大产业链，将不符合环境保护理念的产能提升到更高水平。很明显，第二种方法更容易实施。“绿色城市”建设的典范深圳光明区，在转变经济发展方式的过程中，不仅要求新的理念、新的技术、新的资金投入，还要求资源型城市充分利用其资源优势，实现可持续发展，同时要求发挥产业的聚集效应，实现全面性和科学性的发展。实现绿色城市的目标，必须制定具体可行的生态规划。中新天津和唐山湾（曹妃甸）等城市的成功案例，为我们提供了宝贵的经验教训，并且为绿色城市的发展提供了新的思路和方法。英国是世界上第一个提出田园城市理念的国家，“生态城”理念已经发展成熟，为建设生态城市提供了宝贵的经验。因此，我们应该借鉴英国在城市绿色规划方面的先进经验，以更好地适应当前的环境，探索出更加可持续的发展之路。随着全球气候变化的加剧，环境压力也给经济发展带来了新的挑战，因此，人类应该携手合作，共同应对这一挑战，在人类命运共同体的大背景下，实现可持续发展，实现经济的繁荣昌盛。

二、资源角度的循环经济发展模式

从资源角度来看，区域循环经济发展模式与产业角度有着密切的关系，因为产业是一种静态的处理单元，而资源则是一种动态的被处理者，它们之间存在着复杂的联系，因此，研究区域循环经济发展模式时，必须考虑到资源的变化，以及它们之间的关联性。循环经济旨在通过调整资源的综合效率来提高经济效益，这种效率包括三个方面：一是单位资源的产出率，即在创造相同价值时减少的投入量；二是资源产出率是指资源的重复使用和循环次数，也就是说，在经济发展的过程中，应该尽可能地减少对自然资源的投入，并且尽可能多地利用再生资源；三是在经济发展的末端，应该尽量减少废物排放，尽管废物也被视为资源，但这种资源的消耗量应该尽可能少，以达到零排放的目标。

本年度的资源减量率可以反映出本年度循环经济措施实施的效果，它与上一年度相比，投入资源和排放废物的比例有明显的变化。资源减量化水平不仅包括投入减量水平，也包括废物排放减量水平，两者都要求越低越好，而资源循环率则包括再利用和再循环两部分内容，它们共同构成了本年度循环经济措施实施的效果，从而使本年度的资源减量率更加有效地体现出来。由于资源再利用率和资源再循环率在现实中往往是紧密相连的，因此它们可以统称为“循环率”。循环率不仅反映了资源的循环次数，更重要的是它反映了资源在总资源中的比例，因此，它们都应该尽可能地提高。

为了最大限度地提升资源的利用效率，必须采取全生命周期管理措施，包括从开源到终端的资源开发、源头减量、过程中的控制、末端的回收再利用等，以确保资源的有效利用。

资源开源是一种有效的资源管理方式，它旨在通过开发新的资源种类和技术，改善现有的资源状况，提高资源的利用效率，并将废弃物转化为可再生资源，从而实现资源的有效循环利用。

经过分析，可以得出一种新的区域循环经济发展模式，通过有效地开发、合理利用、节约使用，努力提高资源的产出效率、减少浪费，并且积极应对环境污染，最终达到可持续发展的目标。

（一）水资源的循环经济发展模式

水资源是人类和其他生物的基本需求，在许多行业中都是必不可少的。各地区的水资源需求量巨大，而且对水质的要求也极为严格。如果不能够充分利用，将会导致大量的污染物排放，从而影响环境。因此，应该采取全面的措施，包括开发、保护、节约和再生，以实现水资源可持续发展。

1. 水资源的开发

尽管全球的水资源数量巨大，但是可供使用的淡水比例却非常少，而且分布也十分不均，许多地区正在遭受严峻的水资源短缺困境。因此，必须采取多种措施，以期从根本上提高水质，其中最具代表性的技术包括跨流域调水和雨水收集。

通过跨流域调水，可以将多水区域的水资源转移到缺水区域，从而促进当地的发展。然而，这种方式的建设成本较高，而且还会对生态环境造成影响，因此不太适合作为一种解决方案。相比之下，采用其他方式来解决补水问题更为可行。

建立集雨设施是一种有效的方法，它能够快速、高效地收集雨水，并将其转化为可供灌溉、洗车等用途的水。特别是在海岛等地区，这种方法可以成为增加水源的主要途径。此外，通过处理，这些雨水还可以作为饮用水，从而改善当地的水资源状况。为了保护环境，人类必须建立一个完善的雨水和污水分流系统，这样才能有效地收集和处理雨水。

2. 水资源的保护

为了保护水源地的生态功能，人类必须合理规划水源地的开采范围，并严格控制工业和农业的取水总量。过度使用可能会导致水源地的破坏，从而影响供水能力。因此，人类必须有效控制地下水的开采，并加强对地表沉降和海水倒灌的监测。为了保证水质，人类必须定期监测地下水的水位，并在发现问题时立即采取措施解决。此外，人类还应该合理建设水利设施，以确保水资源的可持续利用；

应该及时采取措施清理河道和地下排水系统，以最大限度地防止洪水和内涝的发生。

3. 水资源的节约

为了应对水资源的紧缺，人类必须采取措施来节约用水。其中，农业节水的一种重要方法就是改进灌溉方式，从传统的地面漫灌转向喷灌、滴灌和渗灌等技术。其中，喷灌技术通过输水增压，利用转动喷头将水分均匀地喷洒到农田中，从而有效降低地表径流和深层渗透，从而达到节约用水的目的。工业是节约水资源的重要支柱，但是，根据工业和信息化部的统计数据，我国的单位 GDP 用水量仍然远超发达国家，这表明节水任务艰巨，但也有巨大的潜力可以挖掘。

4. 水资源的再生

污水通常分为工业废水、农业废水、医疗废水等，而生活废水则主要来自日常生活活动。因此，人类应该根据不同的污水类型，采取适当的处理措施，尽可能地将处理后的水重新利用起来。

经过深入分析，笔者发现，水循环经济发展模式的核心思想是从源头开始，通过保护水体、节约使用水资源，并通过污水处理和再生水利用来实现循环经济（图 3-1-1）。

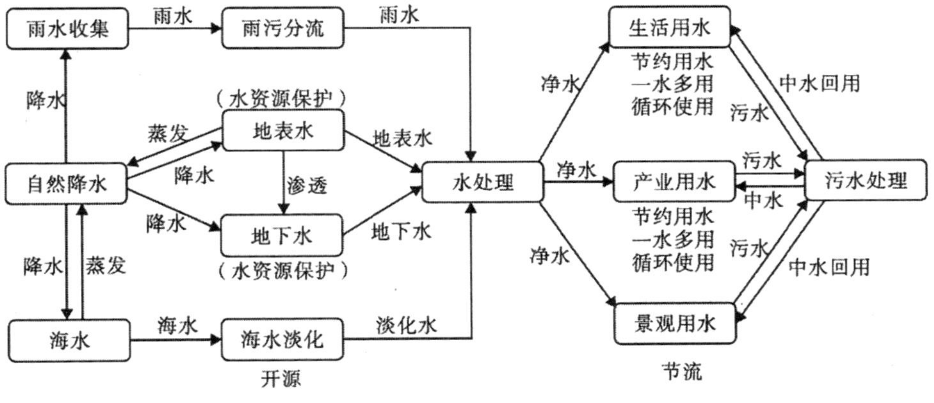

图 3-1-1　水资源的循环经济发展模式

（二）土地资源的循环经济发展模式

土地资源是一种自然综合体，它由地形、土壤、植被、水文和气候等因素构成，是当今社会经济技术发展的重要基础，也是人类生产和生活活动的重要载体，具有极其重要的意义。土地资源可以按照其用途划分为耕地、林地、草地、水域、城镇居民区、交通枢纽和其他用途等，这些用途都是土地利用的重要组成部分。随着我国工业化和城镇化的不断发展，土地需求量也在不断增加，但是由于人口众多，人均耕地占有量偏低，为了确保粮食安全，国家规定了18亿亩（1亩为666.7平方米）的耕地红线。由于我国土地供需矛盾日益尖锐，因此，必须采取有效措施，优化利用当前的土地资源，以满足人口的需求。

1．土地资源的开发

优化利用土地资源的方法之一是通过开发和整理来实现，这些方法应该遵循土地利用规划和相关要求，并采取适当的措施来提高可利用土地的数量。这些措施包括开发、整理、复垦和填海造地等。

通过对未开发的土地进行全面的开发，不仅能够防止水土流失和荒漠化，还能够保持耕地的稳定性。为此，应该采取多种措施。比如，适合种植作物的荒地、提高农业生产效率的低产田、改造沿海滩涂、充分利用闲置土地、建设城市新区、重新开发城市土地等，以获得更好的结果。

2．土地资源的节约

节约利用土地资源是一项重要的改革，采取多种手段来提高土地的利用效率和经济效益，其中包括有效利用土地资源，如充分开发地表、地下空间，以及实施土地交易等。

3．土地资源的恢复

土地恢复和土地复垦有着本质的不同，前者是指将受损的土地恢复到原有的生态状态，以改善环境质量；而后者则是指通过采取一系列措施，如植树造林、草地恢复、湿地恢复、湖泊恢复等，来恢复土地的生态功能。退耕还林和还草是为了保护山地地区的生态环境，以及减少水土流失和沙漠化的风险。根据适地适树的原则，人类将逐步恢复森林和草地的植被。退耕还湿和还湖则是为了改善近水地区的生态环境，以弥补过去围湖造田的不当行为。由于退耕地区的自然环境恶劣，经济状况也相对落后，因此政府应该加大投入，加强对退耕地区的支持，以促进其可持续发展。

采取循环经济发展模式，人类不仅可以有效提升土地资源的储备，而且应该积极推动集约化利用，合理安排土地，有效利用土地，提升农业生产力。此外，为了更好地恢复耕地的生态，应当采取措施，如退耕还林、还草、还湿、还湖，从而不断提高土地的生态价值。图 3-1-2 展示了区域土地资源的循环利用模式。

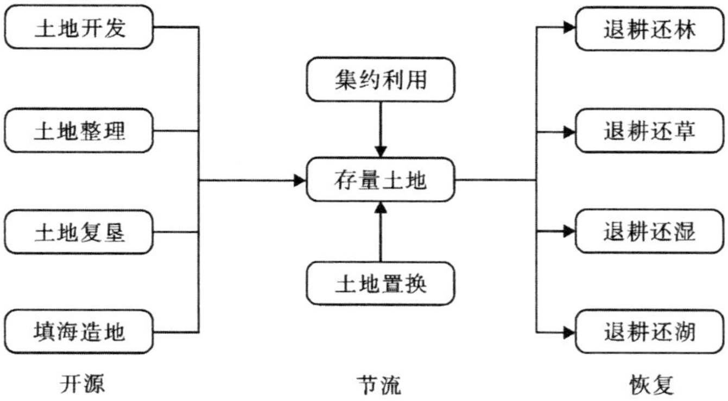

图 3-1-2　土地资源的循环利用模式

第二节　区域经济发展差异研究

一、我国区域经济发展差异形成的原因分析

作为世界上最大的发展中国家，我国拥有广阔的国土面积，人口众多，根据国家统计局的数据，2022 年末全国总人口（包括 31 个省、自治区、直辖市和现役军人的人口，不包括居住在 31 个省、自治区、直辖市的港澳台居民和外籍人员）达到 141 175 万人，但是，由于地理环境、气候差异、资源分布、历史变革等多种因素的影响，我国经济发展存在着明显的不平衡现象，需要采取有效措施来改善这种不平衡状况，以促进经济的可持续发展。由于各地区经济发展水平、人民生活水平、基础设施建设、产业结构等方面存在巨大差异，使得我国的发展差距越来越大。

1978 年，“先富带后富”模式的实施为我国经济发展带来了巨大的改变，使得东部沿海地区的经济迅速崛起，突破了人力资源、生产资源等的限制，取得了辉煌的成就。然而，这种模式也导致了贫富差距的不断拉大，这既影响了资源的合理配置，也影响了经济的长期稳定和健康发展。区域经济发展的不均衡性不仅阻碍了我国经济的持续增长，也严重影响了社会的稳定性和繁荣程度。自中华人民共和国成立以来，党中央和国务院一直非常关注区域经济和社会的发展，利用各地的特色和优势，努力消除区域间的差异，制定了一系列具有里程碑意义的政策措施，全面实施了西部开发、东北振兴、中部崛起和东部领跑的战略，使区域发展取得了显著的成果。自党的十八大以来，京津冀、长江经济带、粤港澳大湾区等重大区域战略的实施取得了积极的效果，区域板块之间的融合和交流更加紧密，区域发展的协调性也在不断提升，形成了一种全新的区域经济发展模式。然而，尽管如此，目前我国区域经济的不均衡状况依然存在，而这背后的原因则有很多。本文将深入探讨多种影响因素如何加剧经济发展的不平等。

（一）经济发展的内在规律

“优胜劣汰”在生物学上也可以用来解释经济发展的规律，我们可以肯定市场经济在促进区域经济发展方面的积极作用，但是，这种积极作用只是在短期内表现出来的，即各个地区的经济发展水平比过去更好，而在长期内，它会导致东西部经济差距的明显扩大。研究表明，从 20 世纪 80 年代后期开始，我国东西部经济差距明显拉大，这一现象反映出我国正在加快市场化改革的步伐。改革开放的核心理念是让要素按照市场规律自由流动，以提高效率为目标，允许一部分地区先行发展。

近年来，中国特色社会主义市场经济体制不断完善，“优胜劣汰”这一基本的生物学进化理论也得到了广泛的认可，它不仅在生物学上具有重要的意义，而且在经济发展理论中也发挥了重要的作用。

在经济生活中，如果某一主体的产品和服务质量可靠、价格合理，那么它就能够在竞争中脱颖而出，并且能够持续发展壮大；反之，如果没有竞争优势，它就只能无可奈何地衰败下去。这种情况也适用于地区经济发展。如果一个地区能够在激烈的竞争中保持领先优势，那么它就有可能迅速发展；反之，如果经济活动不足，就会出现滞后或衰退的情况。我国经济发展的差距之所以如此之大，正是由于这种情况造成的。优势地区可以充分利用自身的优势，抓住机遇，迅速取得发展，而劣势地区则可能会面临发展缓慢的局面。

过去几十年来，由于东部地区拥有良好的自然环境、先进的基础设施、便捷的交通网络，加上改革开放的政策推动，它们在全国经济发展的洪流中迅猛崛起，其经济规模和社会发展水平均显著高于中部和西部地区。

瑞典经济学家缪尔达尔在《经济理论和不发达地区》一书中深入探讨了区域经济发展不平衡的根源，并且指出，随着经济的发展，区域间的差距会越来越大。他还指出，一个地区的经济增长会产生两种影响：扩展效应和回流效应，这两种影响都会导致区域间的经济不均衡。扩展效应是一种复杂的现象，它涉及多个领域，如经济增长、技术进步、信息传播、人口流动、社会发展、文化交流等，它们都能够为当地的经济发展带来积极的影响。回流效应是一种不利的经济现象，它会导致资源和劳动力从一个地区流向另一个地区，从而影响经济发展。例如，资源和劳动力会从一个地区流向一个经济发展较快的地区，而污染项目则会从一个先进的地区转移到一个落后的地区。地区发展的不平衡可以通过回流效应来解释，而这种效应远远超过了扩展效应。虽然发达地区也会对落后地区产生一定的影响，但是这种影响是有限的。

随着深圳珠海经济特区的发展，珠三角地区的经济活力得到了显著提升，上海的快速发展也为苏南和浙北地区带来了巨大的经济增长，这种扩散效应在我国经济强势地区和经济优势地区之间发挥了重要作用。然而，在发达地区和落后地区之间，扩散效应的实现却非常困难。这是因为落后地区缺乏必要的经济技术基础和高素质的劳动力，使得新技术的应用难以带来显著的经济增长。由于“强者恒强，弱者恒弱”和“马太效应”的发展，我国的扩散效应已经从东部地区蔓延到了西部地区，并且这一趋势可能会继续加剧，从而导致“强者恒强，弱者恒弱”和“马太效应”的发展面临严峻挑战。

显然，东部地区拥有明显的经济优势，尤其是沿海地区，它们的经济基础十分稳固，技术水平和产品质量都很高，因此，大规模的生产变得更加容易，成本也会相应降低，价格也会相应下降。相比之下，中西部地区由于缺少这些优势，在市场竞争中常常处于劣势，无法与之抗衡，加工制造业面临着巨大挑战。中西部地区的经济发展受到了严重的制约，其中包括资金短缺、技术落后、劳动生产率低、居民收入不高以及财政支持不足。这种情况造成了一个恶性循环，即当地的自然资源难以被有效地开发和利用，导致其优势难以充分发挥，并且逐渐削弱了中西部地区的经济活力。另外，东部地区的薪酬福利极为丰厚，且生活品质极佳，因此吸引了大批的专业技术人员和高层领导，形成了一种强大的集聚力，促进了当地的发展与进步。

随着经济的快速增长，东部地区的投入产出比例显著增加，这为其带来了巨大的经济优势，可以通过提高收购价格、抢占原料产地等方式，来压倒中西部地区，并且受到利润率的推动，国内资本也越来越多地涌向东部地区。随着东部地区的经济迅猛增长，资金回报率也达到了惊人的水平，这使得越来越多的资金涌入这一地区，而西部地区的资金也纷纷涌入，可以通过银行存贷差、横向投资、股票交易等渠道来获得更丰厚的回报。

（二）地理因素

不同地理环境对人类的生产、生活会产生不同影响，同时也会对区域的经济水平和整体发展方向产生不同影响。深入研究不同地域的差异性，能为我国区域经济的协调发展研究提供新的视角。

地理位置是影响我国经济发展的重要因素，它不仅决定了区域之间的经济差距，还影响着自然环境的多样性。自然环境是人类生存和发展的基础，它的状况直接影响着居民的生活质量和发展方向。我国东部地区拥有 12 个省、自治区、直辖市，面积 129.4 平方千米，占全国总面积的 13.5 %，背靠大陆，气候宜人，土地肥沃平坦，水产品、石油、铁矿、盐等资源丰富，劳动者文化素质和技术力量都较强，经济基础雄厚，是一个具有重要意义的地区。历史上，中国先民们一直在努力开发沿海地区，尤其是汉唐时期，“东南形胜，三吴都会，钱塘自古繁华”的经济活动更是蓬勃发展，使得中国的经济重心一直稳定在国家版图中东部地区。这一独特的地理位置使其成为我国经济发展的重要支柱，它不仅可以充分利用近海的地理优势，促进对外贸易，而且交通便利，更容易与外界进行交流与合作，为我国经济发展提供了巨大的潜力，是我国经济发展的龙头。西部地区虽然面积广阔，但冰川、沙漠、高山、高原等自然环境极其恶劣。由于我国贫困地区的储蓄水平较低，资本形成严重不足，使得西部地区发展起来比较困难，这也导致了西部地区对外交流较少，求平求稳意识重，风险投资观念差。此外，由于地理上的局限性，区域思想文化差异也使得信息的传播受阻，加上教育资源的落差现象，使得人们在获取信息方面存在巨大差距，从而成为影响区域经济均衡发展的最主要障碍。

地理位置的变化会对经济发展产生重大影响，尤其是在东部地区。中华人民共和国成立初期，东北地区的重工业占据了主导地位，导致北方经济比南方更加发达。但随着时间的推移，这种差距逐渐缩小，北方经济比南方更加强劲。随着广东、福建、浙江、上海、江苏等省市的经济腾飞，东南一带已成为全国改革开放的先驱，这里的人们拥有了更加丰厚的收入、更加安逸的生活，成为全国最具繁荣和幸福感的地区。这一变化不仅体现在南方地区，也反映在北方地区，使得南方经济发展明显优于北方。

通过对中国地形图的分析，我们可以发现，大城市主要集中在沿海和沿江一带，这些地区的经济发展水平也是全国最高的，其中最重要的原因就是交通便利、生活条件优越，使得当地居民能够更加便捷地获取到更多的经济资源，从而促进了当地的经济发展。长江流域是一个连接着西部和东部的地区，沿岸有许多城市，这些城市像珍珠一样串联在一起，形成了一个完整的经济体系。长江流域是我国最大的沿江经济连接体，为长三角地区提供了广阔的经济发展空间。长三角地区从目前和长远来看都优于珠三角地区。珠三角地区拥有巨大的发展潜力和实力，但是黄河流域却因近代植被破坏、水量不足以及频繁的结冻和断流而无法发展成为一个完整的经济区。因此大河流域中只有长江流域发展得最好。

（三）政策性因素

外资是一种国际资本流动的重要组成部分，它可以通过直接或间接的方式从其他国家或地区引入资金，以满足国内经济发展的需求。外资不仅可以为国家提供资金支持，还可以为国家提供先进技术和管理经验，促进国家与世界经济的交流与融合。

自 1978 年改革开放以来，我国积极推动投资环境的优化，从 1983 年的 9.2 亿美元迅速攀升至 2021 年的 1 734.8 亿美元，年均增幅达到 15 %，我国吸引外资规模和数量都有了显著的提升，正迈向一个更加高水平的发展阶段。随着中央和地方政府不断加大投入，我国的改革开放政策正在以梯度的形式在沿海和内陆地区不断深入推进。特别是在东部沿海地区，政府采取了一系列的倾斜性发展政策，促进了当地的经济快速发展。根据商务部的数据，2022 年 1—6 月，全国实际使用外资金额达到 7 233.1 亿元人民币，其中，东部地区的实际使用外资增长了 15.6 %。每年，中央政府在东部地区的财政支出极具吸引力，不仅在当地形成了巨额的财政收入，而且还在该地区建设了多个具有国际影响力的经济特区，如深圳、浦东等，从而极大地扩张了沿海及其周边城市的发展空间，激发出更多的经济活力。通过对东部地区资源要素的有效整合，尤其是大量的外资流入，这不仅推动了当地的经济发展，而且还为当地提供了先进的技术、管理经验以及开放的思想，从而显著减少了当地与世界的差异。

1. 发达国家对我国的投资就是从东部地区开始的

改革开放后，我国不断改善利用外资的环境，进一步扩大对外开放，利用外资规模不断扩大，水平逐步提高；加入 WTO（世界贸易组织）后，我国从单方面自主开放转变为与世贸组织成员在国际规则下相互开放；党的十八大以来，国内经济进入新常态，我国外资管理体制加速转型，在利用外资方面持续深化“放管服”改革。近几十年来，由于全球经济的日益一体化和信息通信技术的快速发展，发达国家的产业结构已经发生了巨大的改变。这些国家主要致力于发展低成本、低消耗、高附加值的知识技术密集型产业，并且加强了对这些领域的管理，特别是在品牌、营销、产品设计方面。这些改变导致许多低端领域的产品被大量流向新兴工业化国家和地区，以满足经济增长的需要。推动经济发展与社会进步，加强国际竞争力，推动产业结构的全面升级。

随着全球经济一体化的加快，中国正在不断深化改革，拓宽开放，充分利用劳动力成本低、市场容量大等优势，积极吸引外资，推动国际产业转移，改善投资环境，为全球经济结构的重新调整和转型提供强有力的支撑。随着全球经济一体化的深入推进，中国在国际产业转移方面的优势日益凸显，其吸引力也在不断提升，从而使中国成为全球经济一体化的重要参与者。从 1998 年起，随着国家对国际产业的开放，国际产业的流动性和影响力急剧增长，投资环境得到了显著改善，国际产业的多元化程度也日益提高。过去，国家对国际资本的吸引力一路攀升，到 2019 年年底，国家已经批准的外国直接投资项目达到 40 888 个，实际利用外资达到 1 381.35 亿美元。中国在接受国际产业转移方面已经走过了三个重要的发展阶段。

第一阶段，1979 年外国企业在中国的投资仍处于初级阶段，我国的外资引入量相对较少，而外商直接投资的数量也相对较少。随着经济全球化的发展，我国正在积极推动国际产业转移，其中最重要的一环就是对外借贷，这笔借贷金额比外商直接投资额高出两倍。此外，我国还在积极拓展轻纺工业，如服装、玩具、鞋帽及家用电器等，并且大力发展加工贸易，以满足国内市场的需求。广东省在过去的一段时间里，通过利用国家提供的优惠政策和灵活措施，充分发挥地理位置优势，大力发展外向型经济，积极吸引外资，在承接国际产业转移方面取得了领先地位，促进了广东省的经济增长，并为珠江三角洲带来了巨大的变化。

第二阶段，1992 年，中国正式建立社会主义市场经济体制，为促进国内外经济的协同发展奠定了坚实的制度基础。此后，中国积极把握国际产业结构调整的机会，加快制造业的国际化，并取得了长足的进步，为全球经济增长带来了强劲的动力。随着世界经济的日益融合，越来越多的外国企业，尤其是跨国公司，开始在中国进行大规模、系统性的投资和发展。1992—1995 年，中国的外资总量急剧上涨，而 1996—2001 年，中国的外商直接投资总额也在不断上涨，达到了 400 亿～500 亿美元的高位。中国正在大力引进外商直接投资，这一投资金额已经超过了对外借款的 3～4 倍，为国家经济发展带来了重大影响。

随着经济全球化的加快，我国正在大力发展资本和劳动密集型产业，并且采取多种方式承接国际产业转移。跨国公司在华投资也在不断增加，特别是在华东沿海和环渤海地区，尤其是上海，这一趋势更加明显。上海正在迅速接受国际产业转移，这不仅推动了其经济的高速发展，也为长江三角洲经济群的形成和整合提供了强有力的支撑。

第三阶段，2001 年年底，我国加入 WTO，这标志着我国市场的开放性和经济的高速增长，为国际产业带来了巨大的发展机遇，使我国成为外商直接投资的首选地之一，为国际经济发展提供了强大的支撑力量。随着全球经济一体化的加快，跨国公司越来越重视中国的战略地位，并以增资的方式将其从单一产品和环节的生产和加工转移到下游产品及相关产业。发达国家也在大力投资中国东部沿海地区，以发展技术密集型、资本密集型产业，如电子信息、家用电器、汽车、石化等。

随着中国对全球的开放，东部地区获得了巨大的收益，但中部和西部地区却没有得到太多的好处，特别是西部地区，由于资源的匮乏，它们在吸引外商投资、拓展出口等方面，既没有赶上东部沿海地区，也没有赶上中部地区。在利用外资上，2020 年，实际使用外资金额排名前十的省份分别是江苏、广东、上海、山东、浙江、北京、天津、福建、四川、辽宁，规模占全国比重为 85 %。分区域来看，2020 年东部地区实际使用外资金额占全国的 85.4 %。

2. 多年来国家的财政预算及中央政府投资多是以东部地区为重点的

政府投资旨在促进政府经济政策的落实，并帮助地方政府解决融资难题。通常，政府会在全国范围内或跨越地域的领域进行投资，包括公共建筑、基础设施、少数大型企业、军工、科研机构、高科技产品等。此外，政府还会对重要的自然资源和环境进行投资。中央政府的投资分布对地区的发展具有重要意义，它不仅能够改善覆盖区域的投资环境，还能够提高当地的服务水平。特别是，中央政府在全国范围内或跨地区范围内安排的重大建设项目，将会极大地影响地区经济结构的形成和变化，从而对地区经济格局产生深远的影响。

二、我国区域经济协调发展的思路与对策

随着全球经济一体化的加速发展，国际竞争日益激烈，为了获得更大的利益，各国必须在协调发展的基础上，提升整体的经济实力，以实现共同繁荣。近年来，中国西部地区与东部沿海地区的经济差距日益扩大，这给我国带来了一系列挑战，其中最为突出的是区域经济差异的扩大，这也成为当前我国发展中最需要有效解决的重大问题之一。随着我国实现全面建成小康社会的目标，缩小地区之间的差距已经成为当务之急。因此，实现区域经济协调发展已经成为解决地区差距扩大的重要途径，也受到了学术界的广泛关注。在中国，实现全面建成小康社会的目标是迫切需要的。这就需要通过促进区域经济的协调发展来减少地区差距。这一问题引起了学术界的高度重视。

（一）区域经济差异对区域经济和社会发展的影响

1. 促进作用

区域经济差异的存在为发达地区和欠发达地区的经济发展提供了双向推动力，发达地区不断努力改善生活水平，而欠发达地区则面临着更大的挑战，这种差距不仅影响到了经济发展，也给当地社会带来了巨大的压力。

2. 负面影响

从公平的角度来看，由于地域封锁和市场分割，竞争秩序受到了严重的破坏。这种混乱的市场经济秩序导致了许多问题。例如，政府采取了各种行政措施，限制了外部产品的流通，并利用信息不对称的原则限制了外部投资者的参与。

从效率角度看，由于政府对企业的管理不够严格，行政审批权力过大过滥，以及政绩考核体制不完善和不合理，使得大多数地区政府的调控企业投资经营行为的实际目标偏离了经济效率的最大化，从而导致经济空间布局出现了失当。由于一些基础设施的不当竞争，重化工业和制造业甚至电子信息产业的生产能力出现了无序扩张的现象。

从公平角度看，随着经济发展的加快，地区间和城乡间的发展差距日益拉大，从公平角度来看，这种隐患也越来越严重。一方面，基尼系数反映出的居民收入总体性差距不断扩大；另一方面，城乡居民收入差距和地区间差距也在不断扩大。随着时间的推移，基本公共品保障水平的差距也在不断扩大。

从可持续发展的角度来看，随着全球化的推进，许多地区的人口资源环境容量已经远远超出了其可持续发展的能力，尤其是西部经济落后的地区，为了实现脱贫，资源的大量开采，造成了严重的环境污染和资源的极大浪费。

从区域经济差异的显著性来看，它不仅会给发达地区带来巨大的挑战，而且也会给欠发达地区带来极大的困难，这种不平等的状况将严重阻碍当地的经济发展。

（二）区域经济协调发展的思路

1. 区域经济差异的调控方式比较

在区域经济发展中，调控区域经济差异变化（尤其是扩大）是必不可少的。不同的人对于如何调控区域经济差异持有不同的看法。但是，总的来说，调控区域经济差异的关键在于提升全国经济的整体实力。在全国范围内，只要区域经济差异不会对社会稳定造成严重影响，就应该优先发展经济基础较为完善的地区，并通过先发制人的地区来引领和示范，以缩小经济发展水平的差距。此外，区域经济差异的影响程度是一个复杂的问题，很难准确地判断它对经济和社会的危害程度。为了避免这种情况的发生，应该加快发展欠发达地区，并将其作为重点，以缩小全国范围内的区域经济差距。

2. 注重效率与兼顾公平有机结合

经过改革开放以来，国家为地区经济发展提供了有力的引导，其中最重要的两点可以概括如下。

（1）坚持“效率优先”在我国地区经济发展过程中发挥了显而易见的积极效应

随着改革开放的深入推进，东部沿海港口地区和中部地区的大城市凭借其优越的地理位置、先进的科学技术的不断推动，以及充足的人力资源的支持，已经成功地将城市化、国际化和信息化推向了新的高度，使得产业经济优势得到有效地提升，并且在当今的区域经济竞争中处于明显的劣势。国家采取的战略决策和相关的地区倾斜政策，为这些地区的发展提供了强有力的支持，使其得以迅速发展。

（2）区域发展差距扩大到一定程度则迫切要求高度重视区域经济公平问题

由于“马太效应”和“鼓励先富型”的地区发展战略存在明显的缺陷，这些缺陷正在加剧区域间的经济差距，为了达到可持续发展，我们应该重新审视“兼顾公平”的目标，努力改善这种不均衡的状况。

“西部大开发”“振兴东北地区等老工业基地”等一系列重要的战略举措旨在促进地区经济的均衡发展，并坚持公平、合理的原则，朝着更加美好的未来迈进。

近年来，政府采取的一系列政策措施在推动地方经济发展方面取得了显著成果，对当地的社会和文化环境都产生了积极的影响。因此，当前的关键任务就在于，在维护地方发展公正性的前提下，有效地推动地方经济的可持续增长，缩小地方经济差距，推动地方经济的协调发展，最终实现全面建成小康社会的宏伟愿景。

3. 区域经济协调发展的内涵

区域经济协调是一个复杂的概念，它涉及五个方面。一是充分发挥各地区的优势和特色，实现因地制宜、分工合理、互补发展，形成具有特色的区域经济。二是通过建立公平、公正、公开的竞争秩序，各地区之间的人流、物流、资金流和信息流可以实现畅通和便利化，从而形成一个全国统一的市场环境。三是为了更好地推动社会主义建设，应该努力提高城乡居民的可支配购买能力，并让他们能够更好地享受到基本的公共产品和服务。这样，就能够有效地缩小人均收入的差距，并为大家创造一个更加繁荣的社会。四是通过推广市场经济的理念，还能够拓展不同地区、不同民族的经济活动，促进彼此的团结与合作，建立一种新的地区经济关系。五是通过统筹规划和互动协调，各地区国土资源的开发、利用、整治和保护可以实现有效的协调，从而促进经济发展与人口资源环境的和谐共存。

（三）实现区域经济协调发展的途径

1. 合理解决生产要素流动的体制缺陷和政策障碍

随着经济体制改革的深入推进，我国各地的经济市场化水平存在明显差异，这也成为当今区域经济发展的主要障碍。因此，建立起一个统一的市场经济体制环境，以及促进各地资源的有效配置，是实现区域经济协调发展的关键所在。因此，我们应该从根本上消除限制区域内要素自由流动的制度障碍，打破地域壁垒，提高区域的开放水平，并且合理解决生产要素流动中存在的体制性问题和政策性障碍。

为了促进区域共同市场的发展，各地区应该加强相互开放，打破行政分割，消除地区封锁，取消各种关卡，共同建设市场基础设施，并在政策上鼓励商品、资金、人才和技术的有效流动，以实现区域经济的可持续发展。为了促进区域经济交流，应当以市场机制为基础，结合政府调控，建立信息机构，促进中心区与周边地区之间的生产要素流动；同时，政府应采取政策导向，提升落后地区的吸纳扩散能力；此外，应当消除地方保护主义壁垒，加强区域经济联系，并积极参与国际贸易等活动。

随着市场经济体制的发展，企业和自然人成为经济合作的主体，政府也从单纯的管理者角色转变为更多的参与者，以促进生产要素跨地域的流动，为经济发展提供更多的支持。随着 WTO 的加入，我国政府在创新管理制度、培育和建设市场、体制改革、实施对外开放等方面的努力仍然不够。为了跟上 WTO 的步伐，地方政府应当采取现代化的经济社会管理方式，简化行政审批程序，提高决策的透明度和效率，并且吸纳国际经济贸易的专业人才，以更好地服务于国家的发展。

2. 积极开展多领域的跨行政区区域经济合作

随着中国西部大开发的推进，东西部地区的经济合作变得越来越重要。这种合作不仅可以促进各地区的经济发展，还可以协调区域间的关系，构建一个有序、联动的经济区。目前，东西部地区的经济合作已经从传统的资金、技术、劳务等方面拓展到了建立共同市场，形成和发展方式也变得多样化、多层次。在这个合作项目中，将涉及以下 4 个方面。

（1）资源导向型联动合作

借助西部地区的丰富资源，东西部的能源、矿产、农业资源型产业的联动合作将更加紧密，东部和西部都将在经济和社会发展中扮演重要角色，东部将投入大量的财政、科学研究、市场开拓、信息传播和渠道建设，以及积极参与经济管理；而西部则会投入大量的人力、物力，以满足东部的需求，促进两地的经济社会发展。通过这种双赢的合作，我们可以更好地促进农业的可持续发展。为了更好地实现农业产业化，我们应该大力发展农副土特产品的精深加工，以实现农产品的转型升级，并最大限度地提高它们的价值。东部地区拥有丰富的旅游资源，可以更好地满足当地的需求，同时也可以更好地把握市场机会，从而更有效地推进旅游业的发展。“自我成长型内源开发”的出台将给西部地区带来前所未有的机遇，开辟出一条崭新的道路。

（2）产业导向型合作与联动

为了促进东部地区的经济发展，国家鼓励传统产业向西部地区转移，并鼓励企业向西部地区进军。通过东西部的合作，可以加快东部地区的产业升级步伐，也可以依托名牌产品，促进东西部的互动发展。此外，还可以通过专业化分工协作的方式，共同推动东西方的发展，包括在西部建立零部件或初级产品生产基地，并发展“销地产”品牌在西部的市场。

为了更好地适应新的发展形势，西部地区应该大力发展特色产业，以竞争优势为导向，积极推进东西部协同发展，以实现经济的可持续增长。这将成为西部经济发展的必由之路，也是西部地区实现经济腾飞的重要保障。

（3）资产型合作与联动

为了实现西部地区的可持续发展，东西部地区应当积极探索多种产权交易模式，包括控股、参股、收购、兼并、租赁、转让等，以激励优质企业的投入，实现资本的跨地区流动，实现国有资产的高效整合，从而实现西部地区的经济腾飞。

为了进一步推动西部地区的发展，将采取多项政策措施，其中包括：加快推进西部国有企业的战略性重组，推动东部优势企业与西部劣势企业的融合，鼓励东部地区参与投资、合资、参股、借壳上市，构建西部大型企业集团，充分发挥东部的资金、技术、人才优势，落实“走出去”的发展战略，打造一批拥有良好声誉的大型企业和企业集团，从而促进西部地区的经济发展。

随着中国改革开放的深入推进，东部地区得到了国家的大力支持，吸引了众多的社会资本，为经济发展提供了强大的动力。然而，西部大开发战略的实施，更加依赖于多种形式的资本参与，以填补生产要素的不足。因此，西部地区必须抛开传统的地域界限、保护政策及利益考虑，采取更加有效的政策措施，吸引更多的经济资源加入其发展中。

（4）教育交流和人才培养合作

为了推动现代国民经济的可持续发展，提高全社会的人力资源开发能力和水平显得尤为重要。此外，推动区域经济的发展还必须把人口流动放到更加突出的位置。为此，我们应该积极推进东中西部的人才交流与合作，结合国家的西部开发战略，以及西部地区的实际情况，积极推行文化教育扶贫政策，在东部发达地区或城市组织短期培训班、参观、考察等活动，以帮助西部落后地区的干部掌握企业管理、生产管理、经济发展、贸易、生态保护与开发等相关的技能，从而推动当地的可持续发展。为了提高人们的整体能力，推动地方经济的长期增长，我们需要扩大思路，并培养人们对市场经济的理解。

为了推动区域经济的共赢，我们必须充分利用人才资源，积极推进区域文化的融合。因此，要加大对各级领导、企业家、科研人员和劳动者的培养与沟通，以及推动东西方文化的交流、促进沿海地区与内陆地区的文化共存。除了这些，我们还需要增进人际交流，不断改变思维模式，促进全面协同。

3. 中央政府注重采取措施加快欠发达区域的经济发展

经过英美等国家的经验证明，政府在促进地区联动以开发落后地区方面发挥着至关重要的作用，从规划、政策、协调、资金等方面给予有力支持，是十分必要的。政府应当采取行之有效的措施，制定全面的地区协同发展规划，完善财政转移支付政策，大力发放西部大开发特别援助基金，加大扶贫开发力度，促进东西部协同发展，推进西部大开发的可持续发展。为了推动中西部地区的经济增长，政府应当积极开展对口支持、技术合作、产业结构优化、贸易便利化等，以及建立有效的经济社会联动机制，确保地区之间的均衡发展，同时也要通过有效的管理与监督，确保地区之间的公正、有序、可持续发展。

4. 优先发展重点地域和优势产业，以城市化促进区域经济一体化协调发展

根据区域平衡发展的观点，认为产业发展应该保持同步和平衡，无论是在地域间还是地域内部。这种观点的主观愿望是积极的，因为它有助于促进区域间的经济发展和社会进步。尽管全国各地的经济发展水平存在差异，但仍然可以通过重点发展和差异化发展来实现均衡发展。因此，应该优先考虑那些条件较好的地区，加快发展其特色产业，并利用城镇化的机遇，促进全国各地的经济协调发展。为了更好地推动东西部地区的经济发展，应当充分利用这些地方的优势，加强商业、物流、资本、信息等方面的交流，推动这些地方的市场融合，促进当地的要素市场健康发展，并实现资源、技能和人才的高效配置。

5. 切实保护生态环境，促进区域经济与环境的协调发展

随着经济社会发展的不断推进，许多地区的人口资源环境容量与经济发展增长潜力之间的关系已经出现了失衡。从总体上看，我国大部分地区仍处在一个不可持续的发展轨道上，沿海经济发达地区在快速工业化和城镇化过程中造成的污染问题仍然存在，而西部经济落后地区在加快脱贫和资源开发过程中也出现了生态恶化和资源浪费的问题，这些问题都在不断积累，严重影响着我国的可持续发展。

为了实现西部地区的可持续发展，必须坚持国家规定的生态环境建设总体目标，并加强对生态环境忧患意识的培养。为此，应该采取一系列有效措施，如退耕还林、还草、绿化荒山荒坡等，以期达到保护生态环境、促进区域经济协调发展的目的。西部地区应当积极利用科技手段，大力推广和普及相关的科学成果，努力改善当地的生态环境。为了保护生态环境，需要建立一个动态监测数据库，并培育治沙产业。此外，还需要建立江河区自然生态保护区，并开展天然林防护工程；推广优良牧草种植技术，并进行合理放牧，以保护生物多样性；还需要加快水利设施建设。为了实现可持续发展，需要全国各地的科技力量共同努力，东部地区的科研院所、高校和企业应该积极参与，以更好地保护和建设西部地区的生态环境。

第三节　区域经济发展战略研究

一、区域经济发展战略的含义和特征

（一）区域经济发展战略的含义

区域经济发展战略是一种综合性的、长期性的、关键性的解决方案，旨在根据当地的经济和社会发展状况，制定出一套完整的发展策略，以实现区域经济的可持续发展。这些策略包括指导思想、目标、重点和阶段，以及必要的对策。

为了实现经济和社会的可持续发展，区域经济发展战略必须采取有效措施，以推动经济高速增长，促进全局性的均衡发展，并在局部地区实施不平衡的发展政策，以确保协调发展，实现共同繁荣。

实现全面小康、实现共同繁荣、实现社会公平正义，是“先富到后富再到共同富裕”所提出的区域经济发展战略。它旨在通过改善基础设施，提高公平正义水平，实现全体公民共享繁荣成果，实现全面小康、全面建成小康社会。通过采取区域经济发展战略，可以更好地适应经济发展的客观规律，并鼓励和支持某些地区率先发展，以达到共享繁荣和财富增长的目标。

中央极力推动东部沿海地区和中西部地区的经济协调发展，制定了一套完善的战略方针，以促进地区经济的可持续增长。为此，东部地区要充分利用有利条件，积极推动改革开放，努力实现更大的社会和谐，有条件的地区要率先实现现代化，以期达到更好的社会效益。中西部地区应当积极推进改革开放，充分利用自身的资源优势，大力发展具有竞争力的企业，努力缩小地区间的经济差距，实现可持续的社会进步。

按照“区域经济协调发展”的战略方针，党中央果断采取行动，加快中西部地区的发展步伐，以期实现全国共同富裕的目标。这将推动我国地区经济结构的重大变革，形成一种新的、有效的地区经济协调发展格局，为实现全国共同富裕奠定基础。

（二）区域经济发展战略的特征

区域经济发展战略具有全局性、系统综合性、长期性和阶段性、地域性、层次性的特征，这些特征构成了区域发展战略的核心要素。

1. 全局性

发展战略是一种全局性的蓝图，旨在把握全局的发展趋势，研究影响全局的关键因素，以及各个发展时期所面临的环境。它是一种概括性的方针、政策、途径、措施和步骤，可以为国家和地区的发展提供指导，具有长远性和总体性。区域发展战略则主要是确定经济发展的指导思想和基本原则，而不是对经济发展的具体安排。

2. 系统综合性

发展战略是一个复杂的系统，由许多要素组成，它们之间相互关联、相互依赖、相互影响、相互限制。这个系统涉及地区内的城市、农村、工业、资源、环境，以及社会发展和政府行为，因此具有极高的复杂性和综合性。在制定区域经济发展战略时，首先必须考虑到多种因素，包括自然环境、资源、劳动力、财政状况、交通运输、文化教育以及区位优势等，为了更准确地预测该地区的经济发展前景，必须进行全面的综合分析和评估。其次，发展战略研究不仅涉及物质生产和社会发展的多方面，而且还包括企业和政府的行为。最后，它是一项综合性的课题，涉及人口、资源、环境、经济、社会科技等多个领域，需要从复杂的研究对象中抽取出整体的联系，以便制定出全局的规划，因此，必须采用系统科学的方法，统一组织各领域、各行业的专家和人才，进行综合性的研究，以实现可持续的发展。通过综合性研究，我们可以获得全面的认知。

3. 长期性和阶段性

区域发展战略的重点不仅是当前的利益，而且是要为未来的发展做好准备，以便在更长的时间里取得更大的成效，这比起那些只能在短期内见效的行动和措施更具有深远的意义。因此，拥有远见的领导者会把眼光放在长远的发展上。未来的发展应当以过去和现在为基础，着眼于当下，并且考虑到未来可能出现的变化，这是一个非常重要的战略思考。为了实现长期持久的战略目标，即使是较远的目标也要更加精细化，而且在制定过程中，必须处理好近期和中期战略与长期战略之间的关系，以确保战略的稳定性和连续性。区域发展战略是为了实现某种目标而制定的，它不会随着时间的推移而改变。当一个战略无法适应新的情况或者完成了历史使命时，它必须被新的战略所取代。

4. 地域性

区域经济发展战略是一种宏观的规划，旨在实现区域的可持续发展。它不仅要考虑到区域的特殊性，还要根据当地的实际情况，制定出具有针对性的发展战略，以满足不同地域的需求。因此，区域开发战略应该根据当地的实际情况，结合宏观发展战略，制定出具有针对性的发展战略。

5. 层次性

区域经济发展战略是一项重大的政策，需要综合考量各方面的利益，以确保其实施的成功。为了实现这一目标，各地区需要根据当前的国情，结合本地的实际情况，制定出更加科学、更加完善的经济发展战略，以期达到国家的宏观规划，实现可持续发展。战略决策是一项至关重要的任务，它不仅能够帮助区域或企业实现快速发展，还能够使其在竞争中保持优势。然而，如果战略决策出现失误，将可能带来严重的后果。因此，做出正确的战略决策需要对未来进行充分的预测。战略预测既需要考虑长远的影响，也需要关注可能导致灾难的隐藏、突发和可能的变化因素。

二、新时代区域协调发展战略思想

自中华人民共和国成立以来，中国共产党秉持着对当下地域特色和经济社会发展的敏锐洞察力，不断探索和实践新的区域发展战略，努力实现中国区域发展的全面升级，从而对中国的区域发展产生了深远的影响，彻底改变了中国的区域发展格局。在中国共产党建党百年庆典上，回顾党的区域发展战略思想的演变历程，对于促进新时期的区域协调发展，以及更好地实现第二个百年的宏伟蓝图，都具有十分重大的理论和实践价值。

习近平新时代中国特色社会主义经济思想的核心理念之一就是区域协调发展，这一理念在党的十八大上得到了充分阐述，并被确立为全面建成小康社会的重要目标。而在党的十九大报告中，更加清晰地阐述了区域协调发展的战略，其内涵更加丰富多彩。换言之，这种特征在多个方面都有所体现。

（一）推动区域协调发展新格局

自 1978 年改革开放以来，中国已经构筑起一套完善的区域发展战略和政策体系，尤其是党的十八大以后，中央更加积极地推进京津冀协同发展、长江经济带、粤港澳大湾区建设、长三角一体化发展、黄河流域生态保护和高质量发展等区域重大发展战略，使中国的区域经济社会可持续健康发展。“4+6”的区域战略布局，将四大板块的资源优势紧密联系起来，构建出一条以江河沿岸地区为核心的纵横交错的经济轴带，从而推动全国各地的协同发展，实现全面建成小康社会的宏伟目标。在新的时代背景下，我们强调了区域协调发展的重要性，并着力于推动重大的地方战略的实施。为此，我们不仅对四大板块的重点任务进行了调整和优化，而且根据不同地区的发展需求，制定出具体的目标和政策，以便有效地推动地方经济社会的可持续发展。

（二）培育区域协调发展的新引擎

一是加快城市群建设。为了更好地推动我国新型城镇化建设和促进区域协调发展，党的十九大提出要加快城市群建设，构建大中小城市和小城镇协调发展的城镇格局，以期实现经济社会可持续发展。城市群是新型城镇化的核心，也是区域经济发展的重要支柱，它们可以激发出更多的活力，推动区域经济的协调发展，为社会发展注入新的动力。

二是加大对特殊类型区域的扶持力度。党的十九大报告强调，要大力支持革命老区、民族地区、边疆地区和贫困地区的发展，“支持资源型地区经济转型发展”“坚持精准扶贫、精准脱贫”“坚决打赢脱贫攻坚战”，并指出，要把握住这两类重点地区的发展机遇，积极推动它们的可持续发展，以实现区域协同发展。

（三）健全区域协调发展机制

积极推进区域基本公共服务均等化，以消除区域差距过大、生态退化、环境污染等突出问题，是实现区域协调发展的关键所在。一是要坚持补齐短板，建立长效机制，加强基础设施建设，提高公共服务水平，实现区域协调发展。党的十九大提出，“在发展中保障和改善民生”“推进基本公共服务均等化”是一项重大改革。二是将生态文明的理念引入区域协调发展战略中，加快完善主体功能区政策体系。党的十九大提出，要将生态文明理念融入区域协调发展战略，加快“坚持人与自然和谐共生，建设美丽中国”，构建国土空间开发制度，完善主体功能区配套政策，建立长效机制，促进协调发展，实现可持续发展。加快“建立更加有效区域协调发展机制”的实施，坚持深入改革，完善体制机制，建立有效的制度保障，形成长效机制，以促进改革的深入发展。

（四）增强区域协调发展动力

自党的十八大以来，我国沿边和内陆地区的开放步伐不断加快，“一带一路”倡议的推进使得许多地区成为开放的前沿和重要节点，内陆开放型经济也得到了迅速发展，但仍有许多地方处于落后状态。党的十九大提出“优化区域开放布局”，旨在打破传统的东快西慢、沿海强内陆弱的区域格局，构建一个更加全面、协调、互动的开放新格局，促进沿海、内陆和边疆地区的共同发展。“一带一路”倡议和“坚持陆海统筹，加快建设海洋强国”“加大西部开放力度”旨在以粤港澳大湾区建设、粤港澳合作、泛珠三角区域合作为重点，全面推动内地与香港、澳门的互利合作，深化沿海开放，促进内陆和沿边地区从开放的洼地变为开放的高地，与京津冀协同发展、长江经济带建设等国家战略统筹推进，形成“陆海内外联动、东西双向互济的开放格局”，以此来拓展统筹空间，实现经济社会发展的可持续性和协调性。

自党的十八大以来，为了更好地发挥各地区的优势，国家积极推进区域协调发展战略，使得区域经济发展迅速增长，结构优化，协调性提升，取得了显著的成果，使区域经济发展格局得到了有效的改善。

（五）新时代区域协调发展战略展望

随着时代的发展，中国共产党始终坚持将马克思主义基本原理与中国实际相结合，不断调整和创新区域发展战略，以满足区域实际和经济社会发展的需求，探索出具有中国特色的区域发展之路。自党的十八大以来，习近平新时代中国特色社会主义思想已成为中华文化和中国精神的精髓，实现了马克思主义中国化的新飞跃。在新时代，我国要坚持以人民为中心的发展思想，坚定不移地走共同富裕的道路，积极探索区域经济发展的新模式，努力实现更加协调、更有效率的高质量发展。

1. 加快国家重大区域战略融合发展，推进区域协调高质量发展

党的十九届五中全会强调，要加快区域协同发展，形成新的格局，促进东北振兴取得新突破，加快中部地区崛起，鼓励东部地区加快现代化，促进京津冀协同发展，加快长江经济带建设，加快粤港澳大湾区建设，促进长三角一体化，加强黄河流域生态保护，以高标准、高质量建设雄安新区，实现经济社会可持续发展。今后，我国将积极推动国家重大区域战略的融合发展，以构建新的增长极和增长带，从而拓宽区域发展的空间，实现全方位的协同发展，打造出更具有竞争力的、更具有活力的、更具有可持续性的区域发展格局。

2. 加强城市群建设，开拓区域高质量发展的动力源

随着社会的进步，中国的经济已经进入了一个以提升品质和效率为目标的新时期。由于我国地域差异巨大，发展不均衡，因此，“齐步走”和“走合理分工、优化发展的路子”的政策应当充分考虑各地的特点，以实现高质量的发展。为了推动全国高水平的可持续发展，城市群作为推动新型城镇化的关键环节，应当积极投资，努力建设中心城市、城市群，以及其他拥有较强经济发展潜力的地区，以增强它们的经济活力和人口吸引能力，以此来促进区域的可持续发展。

3. 推动区域基本公共服务均等化，逐步实现共同富裕

“实现基本公共服务均等化，人民生活水平大体相当”是新时期区域协调发展的重要目标。当前，我国地区间基本公共服务不均衡问题日益突出，党的十九大报告提出到2035年要实现基本公共服务均等化的目标，为此，我国要加快推进基本公共服务均等化，重点解决人民群众最关心、最直接、最现实的利益问题，加大对困难地区和群众的精准帮扶，提高老少边穷、广大农村及中西部落后地区的经济发展水平，改善人民群众的生活质量，使不同地区和群众都能享受到均等的发展机会，以促进社会公平正义，实现全民共享公共服务，促进社会和谐发展。通过公平的改革发展，让人们获得更多的成就感和幸福感，以实现共同富裕的目标为宗旨，努力实现人民对美好生活的向往。

三、新时代中国区域经济战略布局的路线图

在新的历史时期，我国必须坚持基本经济制度，解决社会主要矛盾，并以新的发展理念为指导，实现高质量的经济发展。中国正在努力构建一个具有全面竞

争力的现代化经济体系，其中，促进城乡区域协调发展和优化空间布局尤其重要。因此，我国应当采取有效措施，完善主体功能区制度，增强各地区的互补性，以及加大对薄弱环节的投入，以期达到协调发展的目标。为了实现国家的可持续发展，我国必须积极推动西部大开发、东北全面振兴、中部地区崛起、东部率先发展的战略，努力实现京津冀地区的协调发展，着力打造雄安新区，深入推进粤港澳大湾区和长三角区域的融合，大力支持长江经济带的可持续发展。

按照习近平新时代中国特色社会主义经济思想的指导，党中央深入分析当前形势，结合深圳经济特区和浦东新区的发展实践，在新的国内外经济环境下，采取了一系列有力的战略措施，以推动区域经济的可持续发展。在新的时代背景下，雄安新区的建立将成为国家战略的重要组成部分，它将促进长江经济带、粤港澳大湾区和长三角区域的整合发展。

（一）雄安新区

2017 年 4 月 1 日，中共中央、国务院正式宣布设立雄安新区，这标志着中国区域经济战略的重大转折，它将为中国经济发展带来深远而又具有历史意义的影响力，“中共中央、国务院印发通知，决定设立河北雄安新区。这是以习近平同志为核心的党中央作出的一项重大的历史性战略选择，是继深圳经济特区和上海浦东新区之后又一具有全国意义的新区，是千年大计、国家大事。”① 这条消息迅速传遍了祖国大地，而且明确指出“是继深圳经济特区和上海浦东新区之后又一具有全国意义的新区”，是“千年大计、国家大事”。② 这一战略高度掀开了区域经济战略布局的新篇章。“设立雄安新区，是以习近平同志为核心的党中央深入推进京津冀协同发展作出的一项重大决策部署，对于集中疏解北京非首都功能，探索人口经济密集地区优化开发新模式，调整优化京津冀城市布局和空间结构，培育创新驱动发展新引擎，具有重大现实意义和深远历史意义。”③

2017 年 2 月 23 日，习近平总书记在河北主持召开雄安新区规划建设工作座

① 新华网．中共中央、国务院决定设立河北雄安新区 [EB/OL]．(2017-04-01) [2023-04-03]．http://www.xinhuanet.com.

② 新华网．中共中央、国务院决定设立河北雄安新区 [EB/OL]．(2017-04-01) [2023-04-03]．http://www.xinhuanet.com.

③ 新华网．中共中央、国务院决定设立河北雄安新区 [EB/OL]．(2017-04-01) [2023-04-03]．http://www.xinhuanet.com.

谈会，强调规划建设雄安新区，要牢固树立和贯彻落实新发展理念，适应把握引领经济发展新常态，以推进供给侧结构性改革为主线，坚持世界眼光、国际标准、中国特色、高点定位，坚持生态优先、绿色发展，坚持以人民为中心、注重保障和改善民生，坚持保护弘扬中华优秀传统文化、延续历史文脉，建设绿色生态宜居新城区、创新驱动发展引领区、协调发展示范区、开放发展先行区，努力打造贯彻落实新发展理念的创新发展示范区。以“创新、协调、绿色、开放、共享”的新发展理念为指导，习近平总书记提出的雄安新区规划建设七个重点任务，为雄安新区的发展提供了强有力的推动力，为区域经济发展提供了新的机遇。

雄安新区的建设具有前所未有的重要意义，对雄安新区建设的功能定位主要有四个方面。

一是绿色生态宜居新城区。习近平总书记强调，雄安新区的建设必须贯彻生态文明的理念，以实现可持续发展的目标，并且要把握好节约资源、保护环境的原则，避免过度开发，实行以人为本的理念，让自然生态得到最大限度的保护。为了营造一个更加美好的未来，我国应该坚持以绿色为基础，合理确定新区的建设规模，加强生态功能的完善，着力推动科技、生态、宜居、智能的发展，打造一个拥有碧海蓝天、清澈见底、多元组团、紧凑有序的生态城市，让山川秀美、宜居舒适、工作高效，让人们与大自然和睦相处，打造一个拥有碧海蓝天、山清水秀的美好家园。

二是创新驱动引领区。习近平总书记强调，雄安新区必须以创新驱动发展战略为核心，打造一个具有活力、活跃性、可持续性的新型经济社会发展区域，不仅要打造传统工业和房地产的集聚区，还要积极吸纳京津及全国创新要素资源，加快制度创新、科技创新，完善创新创业环境，以及引进科研院所、发展高端高新产业，以期让雄安新区成为改革先行区，推动经济社会可持续发展。为了促进京津冀地区的创新发展，我国将努力建立一系列具有高水准的创新创业载体，吸引优秀的高科技企业入驻，并在此基础上，构建一个以技术研发、成果转移交易、产城融合为特色的创新引领区和综合改革试验区。

三是协调发展示范区。习近平总书记强调，雄安新区应当充分利用其辐射带动作用，积极推动河北省内的城乡区域、经济社会、资源环境的协调发展，以及北京非首都功能的疏解，为北京“大城市病”、天津、石家庄市区“瘦身”问题的解决提供更多的可能性，同时，还应当加强区域内的公共服务，实现要素的有序、自由、可持续流动，以及基础设施的均衡、资源的合理配置，以期实现河北省的可持续发展。

四是开放发展先行区。习近平总书记强调，必须适应经济发展新常态，主动顺应经济全球化潮流，坚持对外开放，在更大范围、更宽领域、更深层次上提高开放型经济水平。雄安新区规划建设要积极融入“一带一路”倡议，加快政府职能转变，积极探索管理模式创新，形成与国际投资贸易通行规则相衔接的制度创新体系，培育区域开放合作竞争新优势，打造扩大开放新高地和对外合作新平台，为提升京津冀开放型经济水平作出更大贡献。

雄安新区建设对全国改革的战略意义概括起来有以下四个方面。

一是雄安新区的规划建设将为“大城市病”提供一种全新的解决方案，它将成为一个规模宏大、发展环境优美的综合性区域，吸引各类功能的聚集和发展，有效缓解北京“大城市病”的压力，为北京实现“瘦身健体”的愿景提供强有力的支撑。除此之外，北京还将大力推进非首都功能的整合，以减少分散的布局，提升整体效率。

二是有利于培育全国创新驱动发展新引擎。雄安新区的规划建设旨在激发京津冀地区、全国乃至世界各地的创新潜能，打造一个拥有全球竞争力、国内一流水准的科技新城，以此促进新一轮经济发展，开启新的增长篇章。采取更严格的措施，精简政府职能，加强管理和监督，提升服务质量，积极探索行政体制改革，构建更具创新性和可持续性的体制机制，以此作为全国各地的典范。

三是有利于调整优化京津冀城市布局和空间结构。雄安新区的规划建设不仅可以改变京津冀地区的城市布局，而且还可以丰富当地的公共服务，从而实现非首都功能的全面融入，并且可以有效地汇聚各种要素资源，形成区域经济的新增长点，从而优化整合当地的城镇体系，并且可以开辟出更多的发展机遇。

四是有利于促进区域协调、协同发展。河北省在京津冀协同发展方面面临着巨大挑战，其地理位置、经济发展水平、城市化程度等方面均存在明显的差异。为了改善这一状况，河北省将积极推进雄安新区的规划建设，以及其他相关政策的制定，以期望在北京非首都功能的集中承接、产业层次的提升、创新能力的增强以及公共服务水平的改善等方面取得突破，从而缩小河北省与京津两市的经济社会发展差距，促进区域间的良性互动，推进京津冀协同发展，实现区域协同发展的可持续发展。2018 年 12 月 28 日，国务院颁布了《河北雄安新区总体规划(2018—2035 年)》，旨在推动三省市的协作、融合、合作，开辟出一条全新的发展道路。

（二）长江经济带

2016 年 9 月，《长江经济带发展规划纲要》发布，标志着长江经济带“一轴、两翼、三极、多点”的区域经济发展新格局正式确立，成为国家发展战略的重要组成部分。长江经济带覆盖 11 个省市，总面积约 205 万平方千米，占全国总面积的 21 %，人口和经济总量均超过全国总量的 40 %，为国家经济发展提供了重要支撑和强大动力。

长江经济带的发展已经成为中国新一轮改革开放的重要支柱，其具有极强的国际影响力，推动着东中西部地区的共同繁荣，构筑起一条完善的国际贸易网络，也成为一个可持续发展的示范区。

“一轴、两翼、三极、多点”“一轴”以长江黄金水道作为起点，将上海、武汉、重庆作为重要节点，打造出一条绿色发展轴。“两翼”则以长江主轴线为依托，将其扩张至南北两端，从而增强其发展动力。“三极”致力于将长江三角洲城市群、长江中游城市群和成渝城市群紧密结合，形成三大经济带，并通过“多点”的实施，提升城市的综合实力，拓宽城市的经济空间，实现城市的经济协同和可持续发展。

习近平总书记高度重视长江经济带的发展，并且三次召开座谈会，以加强对该地区的支持和推动。2016 年 1 月 5 日，习近平总书记在重庆主持召开了长江经济带的第一次座谈会，强调“长江是中华民族的母亲河，也是中华民族发展的重要支撑；推动长江经济带发展必须从中华民族长远利益考虑，把修复长江生态环境摆在压倒性位置，共抓大保护、不搞大开发，努力把长江经济带建设成为生态更优美、交通更顺畅、经济更协调、市场更统一、机制更科学的黄金经济带，探索出一条生态优先、绿色发展新路子”。

2018 年 4 月 26 日，习近平总书记在长江中游城市武汉又召开了第二次座谈会，再一次强调“推动长江经济带发展是党中央作出的重大决策，是关系国家发展全局的重大战略，对实现‘两个一百年’奋斗目标、实现中华民族伟大复兴的中国梦具有重要意义”。习近平总书记在本次座谈会上还强调，长江经济带的战略重点应当放在“五个关系”，并且将更加积极地投入“四个方面”的实施中。

“五个关系”旨在通过正确把握整体推进与重点突破的关系，实现长江生态环境的有效保护与修复。此外，还要探索出一条以生态优先、绿色发展为导向的新路径，以促进长江流域的可持续发展。第一，要正确认识总体规划与长期努力的关系，坚定不移地实现一个宏伟的目标。长江经济带的发展需要跨越经济、社会等诸多方面的努力，这是一个极其复杂的系统性过程，无法一步到位。第二，必须正确理解消除过剩产能和培养新的经济活力之间的联系，以促进长江经济带建设成为现代化经济体系。第三，应当充分认识到其内部发展和外部协作的重要性，积极推动长江经济带的可持续发展，打造一个具有活力和效率的经济体。“四个方面”的主要任务是：第一，发展加强组织领导；第二，整合各方资源；第三，建立健全的政策制度；第四，激发社会的积极性。

2020 年 11 月 14 日，习近平总书记在江苏南京主持召开全面推动长江经济带发展座谈会，这是长江经济带发展的第三次座谈会，“主战场”“主动脉”“主力军”，总书记为长江经济带发展赋予了新的使命。座谈会上，习近平强调要贯彻落实党的十九大和十九届二中、三中、四中、五中全会精神，坚定不移贯彻新发展理念，推动长江经济带高质量发展，谱写生态优先绿色发展新篇章，打造区域协调发展新样板，构筑高水平对外开放新高地，塑造创新驱动发展新优势，绘就山水人城和谐相融新画卷，使长江经济带成为我国生态优先绿色发展主战场、畅通国内国际双循环主动脉、引领经济高质量发展主力军。

（三）粤港澳大湾区

粤港澳大湾区是一个拥有“二区九市”城市的区域，人口 1 亿，面积 56 000 多平方千米，GDP 总额高达 13 000 亿美元，每年的航空客运流量超过 1.1 亿人次，为当地发展提供了强大的支撑力，是一个具有重大经济和社会价值的区域。2017 年 7 月 1 日，中华人民共和国主席习近平访问香港，并与当地政府签署《深化粤港澳合作 推动大湾区建设框架协议》，以促进两地经济社会发展。

习近平总书记提出的粤港澳大湾区建设，不仅是一项具有里程碑意义的区域经济发展战略，更是一项新时代推动形成全面开放新格局的重要举措，更是“一国两制”事业发展的重要实践。粤港澳大湾区的建立将为两岸关系带来更多的机遇和挑战，促进双方的经济、文化、社会和政治等多方面的互利共赢，为实现国家的发展目标、增强港澳的竞争力、保持长远的繁荣稳定做出积极贡献。为此，党中央提出了促进城乡融合发展：第一，强化规划引领，促进大湾区内各城市的合理分工、功能互补，提升区域发展的协调性，构建一个结构科学、集约高效的大湾区发展格局；第二，为了更好地吸引并整合国际创新资源，我国将构建广州－深圳－香港－澳门科技创新走廊，以及大湾区国际科技创新中心；第三，为了促进国家科学技术的进步，中央政府积极投入资源，在香港和澳门分别设立中国科学院院属研究机构，以及构建国家级的中医药科技产业发展平台，以提高国家科学技术水平；第四，我国应该迅速推进开放型经济新体系的建立，打造一个更具竞争力的国际经济合作平台，为 21 世纪海上丝绸之路的连通性发展提供有力的支持。

（四）长三角区域一体化

2018 年 11 月 5 日，习近平总书记在首届中国国际进口博览会上发表了重要演讲，强调了长江三角洲地区的重要性，提出了推动该地区的一体化发展，并将其纳入国家战略规划，以期望能够充分发挥上海等地的积极作用。长江三角洲区域的一体化发展已被列入国家战略，我国致力于贯彻新的发展理念，打造现代化经济体系，加快改革创新，提高国际竞争力，与京津冀地区、长江经济带、粤港澳大湾区等地区的发展紧密结合，以期完善中国的改革开放格局。

长江三角洲城市群由上海、江苏、浙江和安徽四省市组成，共有 27 个城市，分别是上海、南京、无锡、常州、苏州、南通、盐城、扬州、镇江、泰州、杭州、宁波、温州、嘉兴、湖州、绍兴、金华、舟山、台州、合肥、芜湖、马鞍山、铜陵、安庆、滁州、池州、宣城。根据最新统计数据，长三角地区的经济发展迅速，经济总量占全国的 20 %，预计在 2030 年，它将跻身全球五大城市群行列，与美国东北大西洋沿岸、北美五大湖、日本东海道、欧洲西北部和英国中南部并驾齐驱，实现真正的世界级城市群。

长江三角洲地区的经济发展可谓惊人，上海市更是在这片土地上取得了巨大的进步，自中华人民共和国成立以来，上海市就一直扮演着至关重要的角色。改革开放以来，它一直是中国经济发展的核心和金融中心，在长江三角洲地区的地位显而易见。江浙两省的经济发展水平在全国处于领先地位，经济活力十分强劲，因此，长三角区域一体化战略的实施将为我国经济高质量发展提供有力的引领。

第四章　中国特色区域经济新发展

第一节　我国区域经济曾经出现的发展模式

区域经济是经过实践发展逐步形成的、相对固定的经济发展模式，可以称为“区域经济发展模式”，是从理论层面对区域经济发展的实践经验的提炼。从空间维度来说，区域经济发展模式是指在一定历史条件下，特定区域的经济发展特征、过程及其内在机制的高度浓缩。从历史维度来说，区域经济发展模式是明显受到国家或者地区的经济发展所处的历史时期、发展战略和经济政策的影响且随之变化。改革开放以来，区域性经济发展成为我国经济发展显著特征，我国经济发展最快、最活跃的地区主要分布在珠江三角洲、环渤海、长江三角洲等地区。每个地区特点不同，优势不同，各地政府充分利用当前有利条件，在实践中积极探索，逐渐形成了区域经济发展模式，成为中国经济发展的一大特色。

一、东莞模式

在我国区域经济模式中，东莞模式是最具有“外源性”特色的发展模式，该模式是指在东莞地区内，由政府提供土地或者厂房用地资源，劳动力资源来自我国内陆地区，资金技术、设备和管理由外国商户提供，进口原材料以及产品销售市场均来自国外。“两头在外”是该模式的根本特征，即依靠港澳台等外源性资本为出口加工贸易工业发展提供支持，外向性是其最突出的特点——外贸由外资带动发展。改革开放以来，东莞凭借其所处的地缘优势，抢抓改革开放机遇，拓展了依靠外资建立企业，国内加工后再出口的经济发展模式，在这一模式的实践过程中，为深圳、香港等地的产业结构调整起到了良好的顺承作用，通过创建产业集群，推动城乡一体化发展，让东莞从一个传统农业县转变成国内工业制造重镇。但是，该模式的特点也是其弱点，发展过程对外资、外贸依赖程度过高，制约了技术的更新和产业的升级，同时，容易受国外市场波动的冲击。2008 年金融危机爆发，东莞经济发展模式遭遇重创，重点转向加工贸易转型升级。比如调整产业结构和改造升级产品，城市自我管理能力和市民修养双提升，发展思路转向“经济社会双转型”。目前，全球经济疲软、我国进一步收紧金融政策、企业成本压力升高、人民币汇率提高，受到诸多类似要素的综合影响，导致了珠江三角洲区域的中小企业举步维艰，陷入“制造业寒流”，东莞诸多企业都已经开始转型，通过引进新的生产技术改造升级，用来提高自身的竞争力，以期顺利地走出困境。

二、温州模式

在我国区域经济发展模式中，温州模式属于“内源性”模式，民营化特色显著，该模式是指在温州地区重点发展非农产业，生产方式主要是以家庭工业为主，走市场专业化道路，构建了以市场为主导，以民营资本为主力的小商品、大市场的经济发展模式，其中小商品指的是生产规模小、技术含量不高、运输成本低的商品，大市场是指在全国建立销售市场网络。依靠本地企业面向国内外开展贸易，吸纳国内外市场投资是该模式的基本特征。“小政府、大市场”是其最大的特点——家庭化的经济形式、专业化的经营方式、系列化的专业生产、市场化的生产要素、社会化的服务环节，政府在经济发展中扮演着“无为而治”的角色。自 1995 年以来，温州模式迎来了制度、市场、技术和产品的全方位创新阶段，农村区域经济发展更上一层楼，温州模式曾被评为我国最具活力的区域经济发展模式。21 世纪以来，国家改革开放进一步深化，温州提出了“以民引外，民外合璧”战略，温州模式呈现了新的特点，具体表现为资本实现了跨区域流动、家族企业逐步走向现代化、企业发展通向国际化、经济自律化发展程度进一步提升等，温州市经济进入了飞速发展通道。但是，温州模式下的家庭工业发展形势依托家长制，以民间资本为内生动力，监管和引导较为缺乏，如此一来，容易衍生出企业难以融资和产业升级受到限制等问题。

三、泉州模式

泉州模式的“外源性”逊于“东莞模式”，“内源性”逊于“温州模式”，属于处于两者之间的“中间性”模式。泉州模式是对晋江模式的延伸拓展，在福建泉州，经济形式主要是以外向型经济和股份合作制为主，资本主要依托侨资侨力、以国内外市场为导向、生产构架区域化专业化，形成了“小工厂大产值、小商品大市场、小洋货大创汇”特色区域经济发展模式。改革开放之初，泉州人因成功地具有侨乡特色的农村经济发展模式而名扬四海，该经济模式以市场调节为主、外向型经济和股份合作经济等多种经济形式共存。20 世纪 90 年代中后期，泉州企业走向规模化、集约化，形成区域化的“块状经济”布局，创造了“中国鞋都（晋江）、休闲服装名城（石狮）、建材之乡（南安）、石雕之乡（惠安）、芦柑之乡（永春）、乌龙茶之乡（安溪）、工艺陶瓷之乡（德化）”等诸多国产知名品牌，为泉州模式带来了新的内涵和动力。泉州模式随着市场经济的发展也日趋成熟，呈现“发达的集群经济、特色的县域经济、活力的品牌经济、发展的创新经济和新型的文化经济”等新特征。泉州模式下资本主要是由内资、侨资、侨汇等组成，实现了外资企业和本土企业深度融合，因此，当国际金融危机爆发，国外的消费和投资需求大幅下降时，能够借助国民对本国产品的需求量来推动产业改造升级，提高企业的抗风险能力。

四、苏南模式

苏南模式是一种由混合动力推动的区域经济发展模式，其中地方政府占有主导地位，公有资本为经济动力，它指的是在苏州、无锡和常州等江苏省内地区，个量经济活动的主体发展由地方政府主导，引进新加坡、欧美等国外资本，助力乡镇的农村企业、集体经济非农化发展的区域经济发展模式。苏南模式有两个鲜明的特点：一是全力发展集体所有制的乡镇企业，走先工业化再市场化的发展道路，在国民经济中集体经济仍占主导地位；二是乡镇企业的发展由乡镇政府主导，经济运行受到地方政府的超强干预。苏南地区临近上海、苏州等地，1970 年以后，政府充分利用其地理优势和便利的陆、海交通条件，集中发展乡镇企业，解放农村大量劳动力，创新农村集体经济发展模式，实现“离土不离乡、进厂不进城”飞速发展。但是，苏南模式在推进过程中，政府既扮演生产者的角色，同时也担当着投资者的角色，对经济的干预程度较大，容易衍生出绝对平均现象，以及官员贪污腐败等问题。1995 年之后，苏南地区抢抓浦东大开发和国际产业结构调整机遇，进行了产权体制革新，建立国家级开发区，经济模式向外向型转变，为经济发展增添了新活力。尽管苏南模式也属于“外源性”模式，企业资本以外资为主，业务主要是对产品进行加工再出口，但与同是外源性模式的东莞模式相比，它拥有更加优越的投资环境，企业生产技术水平更高，产业结构可根据外部导向实现快速改造升级，有效提高企业的抗金融风险能力。

五、铁西模式

铁西模式是国有企业改造振兴区域经济的发展模式，由地方政府主导自上而下开展，它指的是在我国实施振兴东北老工业基地政策进程中，辽宁省沈阳市铁西区走出的老工业基地振兴发展道路，主要是通过东搬西建、战略重组、合署办公等改革方式，持续改革政府管理机制，推动国有企业改革。通过实施搬迁扩容和改造重组，实现铁西区辖区面积倍增，由原始的 39.4 平方千米扩展到 484 平方千米，顺利完成了老工业基地改造任务，被国家发改委、国务院振兴东北办提名为“老工业基地调整改造暨装备制造业发展示范区”。铁西模式践行“搬迁、并轨、改造、升级、就业”指导原则，打破传统的技术改造思维限制，在企业迁址过程中，充分考虑社会保障体系完善、技术改造、职工再就业等因素，提升企业改造升级的系统全面性；遵循“人员随资产走、资产随产品走、产品随市场走”的政策指引，打破单一企业改造升级的约束，整体规划全区的工业资源，实现资源配置最优化，构建产业集群；打破经济领域的限制，通过构建现代物流平台、公共制造平台、集中金融服务平台、人才培养平台和技术研发平台，为国有经济改革提供新的社会服务体系，成为我国第一个老工业基地调整改造和装备制造业发展的“双示范区”。

第二节　我国区域经济发展呈现的新亮点

遵循我国区域发展总体战略，各省（区、市）充分发挥主观能动性，结合实际因地制宜，制定区域发展战略和规划，引领我国区域经济发展呈现百花齐放的状态。区域可持续发展重要基础之一就是区域经济的发展。区域经济持续健康发展，离不开政府、企业与公众等各方的齐心协力。目前，国内区域经济已经表现出诸多亮点，为我国经济发展起到了良好的推动作用。

一、我国区域经济发展出现的新变化

（一）区域经济政策的出台与运用更趋科学化

当前我国区域经济政策中，区域发展总体战略是重要内容之一。深化西部大开发战略在区域发展总体战略中占有优先地位，并被赋予特殊政策支持，在此基础上推进东北老工业基地全面振兴，促进中部地区的崛起，支持鼓励东部沿海地区率先发展。特别明确的是，近年来制定的区域经济政策，充分体现出党中央、国务院在运行区域政策过程中十分注重于科学化、规范化。

（二）区域经济合作不断强化

随着我国经济改革的持续推进，区域经济发展的积极影响力愈发明显，覆盖面更为广泛的区域经济竞争局面也由此产生。

近年来，我国区域经济迎来了合作发展热潮，规模大，范围广，不同体制框架的区域经济合作，无论其自身是否拥有较高的经济地位，也不管其是否会被列入国家发展规划之中，都将为地区经济的发展带来广泛的正向影响和促进作用，同时也为国家经济的快速发展贡献了力量。目前国内区域经济合作规模已经形成，而且在国内的经济发展地位极高，由此产生的共生共赢型经济体系，已经成为快速增长极立足于我国经济发展中，区域经济对于我国经济发展的作用必将越来越重要，也会愈来愈大气。

（三）经济重心从沿海向内陆转移

目前，我国区域经济发展呈现新的亮点，即经济发展重心由东南沿海地区逐步转向内陆地区。鉴于我国改革开放持续深化，开放的战略重心也由沿海逐渐转向沿江、沿边以及内陆城市。当前，经济重心转移的三大桥头堡已经形成，有效促进了我国区域经济的发展。三大桥头堡充分显现了交通与节点的优势，做到了产业之间相互补充，有效刺激国际与国内市场的发展，最终实现了亚洲区域经济的共同发展。

二、我国区域发展出现的新特征

党的十八大以来，我国的发展观持续深化，持续完善区域发展战略和区域政策体系，区域发展呈现新特征，具体表现在以下三个方面。

（一）区域发展协调性增强

在我国区域发展进程中，发展不均衡的问题长期存在。近几年来中西部地区经济增速明显加快，有赖于国家对中西部地区开发政策扶持力度的提升，东部地区经济增速放缓，注重提质，这一表现说明了中国区域发展的协调性有所提升。但值得关注的是东北地区经济滑坡现象凸显。

区域发展协调性有所增强，最明显的体现之一是各区域板块之间的总体差距在逐步缩小，如在经济增速、经济总量占比、基本公共服务等方面。另外，还体现在各区域能够充分地展现和运用发挥自身比较优势，经济发展过程与自然环境、社会发展匹配程度更高。各界对此方面的关注相对较少。但是，中国区域发展差距会绝对性地长期持续存在，可能存在于经济发展层面，也可能存在于社会发展方面，主要体现在经济发展水平的高低和质量差距层面，这主要是由区域所处的发展阶段不同而导致的。另外，中国城市群的发展提升了集聚经济效应，加剧了其与区域内其他城市地区、城市群内部，以及省际城市之间的差距，这一问题值得关注。这也是今后中国区域协调发展需要考虑和解决的问题之一。

（二）区域全面对外开放格局逐步形成

对外开放有力推动了中国经济的发展，同时也为发展区域经济、塑造区域经济格局注入了新生力量。中国改革开放后，针对东西部地区实施了非均衡区域发展战略。以东部沿海地区为起点，系统性实施双边开放，沿海区域广泛参与世界经济互助和角逐得到大力支持，同时依靠内陆核心城市（群），为开放政策提供支撑，促进区域协同发展。中西部区域临近丝绸之路经济带的比较优势得到充分发挥，向沿海开放的比较劣势得以弱化；同时，与东部地区相比，劳动力、土地等方面成本空间更大。

历经了多年的打磨，我国对外开放水平显著提高，最初打开国门的形式是以货物出口与资本和技术做交换，现在核心技术已经代替资本成为中国最为欠缺的要素。目前我国在引进外资之余，国内资本开启“走出去”模式，向海外投资，向国外输出国内先进技术和管理经验，近几年的表现尤为引人注目。诚然，对外开放程度在中国不同区域存在不均衡的局面依然没有得到改善：东部始终位列对外开放的前端，发展重点由原始的追求贸易出超，逐渐转向资本出口、贸易平衡；中西部地区则始终在加快追赶开放的进度。

（三）城市群呈现新特点并引领区域经济发展

从空间角度看，经济活动有集聚的倾向。比如：美国 50 % 的 GDP 集聚于西海岸、东海岸和南部个别城市；日本的 GDP 主要集中在三大都市圈；巴西总产值的 50 % 以上聚集在总面积 15 % 的中南部三个州。由此可见，经济发展从在空间层面看是不均衡的。我国亦是如此。这其中有先天的自然地理因素的作用，如高山、河流等对空间的天然分割，形成了人口经济活动聚集区，也有开放发展因素，中国东部地区对外开放拥有得天独厚的优势，而京津冀、珠三角、长三角等重要城市群也正在成为东部地区区域经济发展的引领。

众所周知，中国是世界人口第一大国，仅靠东部地区承载经济发展不太现实，所以，近年来中西部地区也在尝试建立城市群，如围绕武汉、郑州、长沙、西安、重庆、成都等一些重要的城市节点，规划建立区域性的城市群。不同等级、特色纷呈的城市群由此而生，进而衍生出由城市群引领区域经济发展的新格局。

以城市群为单元开拓区域创新。当前世界正在孕育新一轮的科技革新和产业革命，中国只有提高科技创新投入，掌握核心原创性技术，才能从根本上改变“跟跑”的局面，进而提升经济发展品质。科技创新资源在我国分布不均衡，体现在科技创新人才、创新资本、科研院所等方面，据此分析，未来我国必然要走加大区域创新中心建设的道路，以创新中心所在城市群为单元，进而实现区域经济的协同发展。根据大学、科研院所分布地点为例分析，北京、上海、武汉、西安、天津、合肥、深圳等城市占有的科技创新资源绝对优势明显，其中，我国首都北京拥有丰厚的科技智力资源，中央也据此赋予了北京新的定位——全国科技创新中心。经济发展新时期，我国将进一步做好资源有效整合，高效利用科技创新中心的资源，推动周边地区的经济发展，为区域经济整体协同发展注入新生力量。

当前，我国东部地区、中部地区以及东北地区各板块重要的城市群已经基本形成，如京津冀城市群、珠三角城市群、长三角城市群、中原城市群、武汉城市群、长株潭城市群、成渝城市群、哈长城市群、辽中南城市群等。此外，京津冀协同发展策略实施的重要意义之一在于探索“大城市病”、优化城市群，而长江经济带战略是推动沿长江区域协同发展的重要机遇。

三、新时期我国区域经济发展的新形式

目前，在经济全球化趋势愈加激烈的环境下，工业化以及信息化所拥有的发展模式催化了社会的发展。信息技术在近几年得到了广泛的应用，其对经济空间布局的影响不可小觑，同时也影响了区域经济内的利益布局，传统的规则与政策制度在新的发展背景下，均暴露出了诸多不足。在规则改革的进程中，地方政府尤其要处理好产业吸引和区域价值之间的关系。各地区应正确分析本地区产业文化特征及其演变趋势。在此基础上，因地制宜地制定与之相匹配的规则和政策促进产业持续健康发展。

在人类历史进程中，工业革命、市场经济和经济全球化对人类命运和全球格局都是革命性的影响。如今，工业化与全球化迎来了崭新的历史时期，中国的区域经济发展与此同时也面临着史无前例的新态势。各地区在实现可持续发展目标的过程中，需要准确把握新的形势与动态。

（一）区域经济开放格局的深刻变化

受世界经济发展大环境的影响，中国经济的发展方方面面都会因此而发生转变。伴随着世界工业逐步转向南亚、非洲和拉美地区，我国在顺应此趋势的过程中还起到了助力作用。我国始终围绕“一带一路”倡议的工作目标，在自身拥有的强有力的基础建设能力的基础上，持续深化了世界范围内的互相联通。

经过我国政府的长期深耕与努力，我国各个地区之间以及全球范围的比较优势关系产生了显著的改变，表现在空间维度的物理距离上与在通信和物流等成本方面的“高低”区别。比如，中国的经济发展受到的关于空间距离方面的限制越来越小，我国由沿海地区向内陆地区经济发展之间的梯度差距将会发生革命性的改变。我们可以对此做出新的理解，即在新的阶段发展条件下，经济成本与空间距离不再是成正比的关系。远途距离交易的便利程度比之前有所提升，为供需之间建立了连接桥梁，也为远程合作构建了基础。长此以往，国内外经济网络中新的聚集点和纽带将会应运而生，甚至“买全球，卖全球”的经济战略框架在某些经济的腹地区域得以实现。换言之，全球化的经济联通合作，在经济全球化的新格局下已经不再是空中楼阁，在我国的任何一个地区都能够实现。

现代信息技术以及互联网科技的迅猛发展是经济全球化新时期我国区域经济

开放格局的另一个显著变化，对产业生态和地区环境的建设产生了显著的影响。原有的人力和资源优势是各个地区发展的基础，随着信息技术的发展，信息资源和信息技术成为新的基础优势，产业发展的基本要素（物质、能量和信息）之间的关系及其之间发挥的作用都发生着玄妙的变化。具体表现在信息流动不再受制于空间因素，而产业发展中信息起到的作用也越来越明显。与此同时，得益于现代信息技术和互联网推广，各个区域之间的连通性与“平坦型”日益凸显。交通高速化、产业智能化以及市场网络化使得各地区之间发展战略选择空间得以延伸，从某种意义上也促进了人类想象力的具体实现。

学者研究表明，不断增强人类实现梦想的能力是经济发展的实质，而人们通常所说的创造力，在这里是指人们把想象出来的事物转化为现实的能力。我们可以将目前人类生产的所有产品看作信息具体化的承载。创造力驱使人类大脑产生想象，随后将想象具体实现。也正因如此，创造力将人类与其他的物种区别开来。总体而言，我国已经处于全球化的新时期，工业化、信息化持续深入推进，全球化的经济基础设施条件日趋完善，深刻影响了经济发展的区域格局。

（二）区域经济利益格局的演变也必将产生深远影响

在开放政策驱动下，区域经济利益形势变化导致区域经济表现出了巨大变革。其中最为突出的表现是在经济全球化的新形势下，市场竞争主体和国家地区之间的利害关系产生了明显的变化。不同经济体之间的传统界限明晰的利益边界已经不再，日渐呈现相互交织的趋势。

在共同利益关系得到进一步的发展和普及之后，不同区域和国家之间的利益交织的领域也会变得纵横交错。利益边界不再受到地区空间限制，反而延伸至其他地区，如此阡陌交错的利益交织是经济形态新态势。比如，某国引入了其中一个经济主体来为其投资，那么这个经济主体就会掌握所投资国家有关企业的股票以及债券；或是在投资的国家中在证券（产权）市场中进行交易活动，也可能形成跨区域或者跨国的产业链。由此可以看出，其他的区域和国家作为经济主体就会干扰其所投资国家与地区的国民利益。同样，其余地区（国家）中存在的国民利益也会受到本地区（本国）的干扰，尤其是将跨国企业当作经济主体时，准确地确定其身份需要一个特别复杂的体系来实现。参照属类认定的定义不同，如参照企业的注册地、企业的股权归属等，以此参考为如何区分本国（本地）企业、外国（外地）企业提供了相应的依据。目前，在全球化的经济网络中，生产分工表现出的态势极为细密。在新的态势下监测各类产品的生产环节，可以看到，各种产品的生产都极其复杂，同时，多个国家和企业参与其生产过程。受全球范围内的价值分工体系因素的影响，过去的国家制造已经演变为世界制造，国界性质模糊的生产体系已经成为全球范围内产业链的中流砥柱。换言之，在全球化的经济背景下，只有各个国家和区域持续深化改革开放程度，合作与竞争并存，才能够实现持续健康发展。这也就说明了，“可贸易产品”和“不可贸易产品”之间的分类界限在区域（国际）中越来越模糊，进而使“不可贸易产品”，如基础设施建设等转化“为可贸易产品”，促进了“不可贸易产品”在地区以及国际这两个维度都形成了竞争的局面。在国际与地区利益关系变革过程中，新状况、新现象必然会出现，由此一来，产业竞争和合作所采取的行动和方法也会随之改变，面对新的变化，陈旧的贸易规则及政策、竞争的规则也必定会出现“失灵”的情况，这时就需要创新制度、政策和规则来加以应对。

（三）国际竞争规则和区域政策的变革

工业革命开始之后的两三百年时间里，社会经济增速快速提升，这一时期经济增速位列人类历史第一。然而，经济高速增长的根本原因是工业化，其内在逻辑为：将科学技术引入生产的过程，市场规模不断扩张，构建“大众消费”，进而实现财务的积累和创造。所以，国际贸易以及工业生产力之间相互促进是工业化最基本的特点，促进了经济全球化向世界工业化的转变。根据经济学原理分析，在自由贸易中实现各个参与国家的比较利益，可以按照“帕累托改进”原则发展，换言之，参与国家与区域在自身获利的同时，剩余国家与区域的利益也不会受到侵害，整体趋势是实现全球共赢。但是，以上描述仅仅存在于理想的理论状态。规则对自由贸易的发挥作用进行限制，使其规避“自由放任”的状态，“中立”性质的绝对利益规则是不存在的。

由于贸易（竞争）规则的存在，每个国家内部的利益集团的利益大概率会出现差异化，即使是受到“帕累托改进”的条件限制，相关利益集团都可以获得利益或者不损失人员，但是总会出现利益集团获利不均的现象，即使在现实中没有直接受损的状态下（评估认定间接受损也存在着极大的难点），利益集团也会产生被剥夺感以及受损感。因此，国内的经济政策、国内的利益平衡、国家间受相关贸易规则影响的利益平衡三者之间的联系极为复杂，其中一个国家获得利益，并不意味着其他大多数人都获得利益。所以，在经济全球化的时代背景下，朝向全球工业化进行发展是必然趋势，进而导致了各种因素和物品多次、高速的世界范围内流通，也衍生了竞争环节中“利益纠缠”的复杂关系。

此外，随着信息科技的广泛应用，特别是互联网的推广，人类的生活可以说是受其影响之深并得到了彻底地改变，互联网增加了人与人之间关系的密切程度，也提升了人与人之间竞争的公平性。现如今，人类已经将“网络”改变得具备深度与广度。互联网也对经济关系产生了不容小觑的影响，“等级”“中心”等含义变得越来越模糊，分散式的平均化现象会逐步显现，换言之，互联网会最大限度地改善市场经济中平等竞争的实质。另外，贸易与竞争二者的关系日益复杂，加剧了各种利益平衡的难度，社会风险也随之上升。陈旧的政策和规则，在过去具有时效性和合理性，会由于态势的变化而不再适用。因此，在全球一体化的推进过程中，改造贸易规则和竞争规则是相当有必要的。

当前世界工业化迎来了全球化的新阶段，各区域的对外开放态势因此也产生了较为明显的变化。在全球化的大环境下，区域政府需要以强化本区域产业发展、改进区域价值为基础，开展政策的抉择，进而为本地区的经济发展带来新生力量。

四、区域协调发展中出现的新问题

我国区域发展已经进入了新时代，在城市群的带动下，区域发展的统筹协同性不断提升，但此过程中部分新矛盾的出现，需要引起重视。

（一）各区域存在不同程度的“去工业化”

工业化是经济现代化的过程，而工业化的核心是现代工业的发展和升级。工业在中国经济发展中的比重很大，其中制造业的发展是工业化发展的主要部分。2001 年中国加入 WTO，自此之后加快了改革开放的脚步。东北地区以工业基础为依托，东部地区以沿海地理位置优势为依托，步入领先发展阶段。尽管 2009 年国际金融危机对中国经济增长造成了一定影响，出现了瞬时的下降，但是纵观整体数据，只有东部地区保持了自2006年以来的持续走低态势，中部、西部和东北地区都呈现了上升趋势，2011年达到顶峰之后开始下降。受到中国进入工业化后期阶段以及逆全球化的双重影响，服务业占比呈现逐年上升趋势并于2019年达到41.19%。相对应的制造业产品在需求中的占比从2000年的34.84%上升到2007年的最高点41.67%再逐步下降到2019年的29.66%。以上数据表明，中国制造业比例降低的主要成因在于需求行业结构发生了改变。这种降低是具有合理根据的：一是受到劳动力、资源环境代价、土地等工业发展成本提升的影响；二是中国根据区域的主体功能，主动进行下调以实现国土空间发展布局的优化、区域经济发展品质的提升；三是各地区主动提高“去工业化”的力度，呈现同时期下降的趋势，主要是受到优化调整经济结构、去工业化提升服务业占比观念的影响。

习近平总书记在党的二十大报告中指出“高质量发展是全面建设社会主义现代化国家的首要任务”，为此要“建设现代化的产业体系，坚持把发展经济的着力点放在实体经济上，推进新型工业化，加快建设制造强国、质量强国、航天强国、交通强国、网络强国、数字中国”。改革开放以来，中国经济发展取得了举世瞩目的成绩，其中重要的原因之一是我国在工业全球化的推进过程中，充分发挥了自身比较优势，抢抓机遇遵循国际分工成为全球制造业中心。目前我国发展迎来了新阶段，所处的国际国内发展环境均发生了根本性的改变。首先，国际形势千变万化，贸易保护思想主义在发达国家延展开来，经济全球化将来的发展不确定性增加。其次，中国区域经济发展始终处于不平衡的状态，阶段性差距普遍存在，与发达国家相比，我国的工业技术和生产效率都远逊一筹，实现中国经济现代化任重道远。换言之，中国和各区域的工业化进程仍需要长久持续推进。目前我国是工业大国，但距离工业强国还有很大的差距，工业领域方面与日本、德国等国存在明显的差距。当前经济发展已经进入了新的历史阶段，只有对工业化、提升工业发展品质、核心技术投入等方面建立正确的认识，才能使得新进制造业充分发挥对区域经济增长的主力作用。

（二）区域创新网络尚未形成

与经济活动相比，创新集聚的倾向更为明显。国际创新中心集中分布在欧美地区，如美国的东西海岸、日本的东京都市圈、英国的伦敦都市圈以及以色列等国家和地区。根据当前国际发展经验可以看出，在市场体制或者政府的干预下，以知识、人才、资本在内的生产要素形成集聚，进而联动产业集聚，最终实现了科技创新活动与企业之间的互通互动发展。以高校、科研院所为要素对中国的创新资源分布进行统计，也呈现资源分布不均衡现象，其主要集中在长三角城市群、京津冀城市群、粤港澳大湾区城市群、关中城市群、长江中游城市群以及成渝城市群等，从分布的城市来看，主要集中在北京、武汉、上海、深圳、西安等少数城市。

在我国经济重点提高发展质量的新时代，科技创新在经济发展过程中起到的作用需要引起更多的重视。不过从当前的表现来看，创新资源互动表现不佳。在国家级科技创新项目中，以项目为载体使得创新资源短暂集聚，但是不能形成固定的资源互通互助机制，创新网络的形成更是难以建设。部分高科技产业园与高校科研院所合作渠道尚有待打通。但是，国内一些先进表率也逐步显现。比如：北京第一个倡议“三城一区”，对本城市的创新资源统筹管理，积极推动科研院所和企业之间构建互动机制，将科研成果推向市场；长三角地区创新资源也出现良性互动的苗头；粤港澳大湾区为广东吸引港澳创新资源、拓展创新网络创造了新的机遇。以上均是中国创新资源之间互通互动的最新进展，从上层建筑视角来看，后续需要重点关注创新合作壁垒的去除，推动创新网络建设，建设区域创新资源高品质发展的长期可持续力量。

（三）区域合作机制创新不足

在推进我国区域发展和跨区域合作进程中，统筹协调性持续提升，但是其中面临的体制制度障碍持续存在。比如跨区域综合治理中形成的生态补偿机制、利益共享机制等，同时在政策制定沟通中存在的行政等级不匹配等。机制创新不能适用于区域合作发展需要，导致市场机制作用不能充分发挥，进而导致要素的自由流动受限。2018 年 11 月 29 日，中共中央、国务院《关于建立更加有效的区域协调发展新机制的意见》中提出，要建立区域战略统筹机制、健全市场一体发展机制、深化区域合作机制、优化区域互助机制、健全区际利益补偿机制、完善基本公共服务均等化机制、创新区域政策调控机制、健全区域发展保障机制。这是基于当前中国区域发展中存在的问题提出的机制创新指导建议。所以，需要通过区域协调机制实践，持续不断地探索、总结，最后理论升华，从而提高区域协调机制体系与中国国情和实际发展需要的匹配度。

五、区域发展的新思路

中国的区域发展政策和战略也在随着对发展认识的不断深入而持续完善，且具有明显的中国特色。随着新时代国际国内形势的不断变化，区域发展呈现新的态势，而新的态势就需要创新区域发展思路，提前做好谋划推动区域经济实现高质量发展。

（一）创新引领区域发展

在新的发展阶段，中国经济需要依靠科技创新助力推动发展，进而实现经济发展质量的提高。中国只有对科技创新加大投入，增强对核心科技尤其是原创性核心科技的掌控力，才能切实改变“跟跑”的格局，实现经济的高质量发展。目前国内科技创新资源，如在科技创新人才、科研院所、创新资本等方面均存在分布不均的现象，强化区域创新中心建设是中国未来工作的中心，必然以创新中心所在城市群为单位，推进区域经济整体发展。新的发展阶段，中国需要在原来的基础上，持续做好科技创新中心的资源整合和利用，带动并创新引领区域经济发展，为区域经济协调发展注入新的科技动力。

（二）区域发展要与改革开放紧密结合

在经济格局的塑造中，对外开放发挥着重要作用。目前国际环境正处于变革时期，中国的全面开放正在向全方位开放转变，需要用开放性的思维来思考区域协调发展的问题。伴随我国竞争力的持续提升，“贸易摩擦、技术封锁”问题频发。提升中国在开放经济中的抗外部冲击能力已经是当前需要重点关注的问题，这就需要充分运用区域经济发展的优势，提高区域经济发展的竞争力。

（三）区域发展与中国式现代化进程有机结合

工业化是现代化的过程。工业化不能被片面地理解为以服务业替代工业。服务业本身是从传统的工业领域划分出来的，并为工业发展提供基础支持，生产性服务业更是如此；而工业则是为服务业提供试验基础，包括科技创新活动在内，两者之间是互为促进的关系。工业化的发展犹如螺旋上升，不仅要看工业所占比例来衡量，还要看关注工业发展品质。当前中国区域发展存在的区域不平衡问题，大力提升了“雁形模式”产业升级改造的可行性。正视工业化的意义，拓展我国工业化程度，一方面，需要围绕制造业产业升级改造的态势进行调整；另一方面，以区域自身的比较优势为基础，持续推动制造业大力发展。

作为持续改进的东部地区，具有科研院所和高级人才等创新资本集聚的特征优势，进而构建了创新经济集聚区。在以东部地区为主的产业分工局势中，中西部地区应提高全球产业分工参与积极性，提升与中亚、中东欧、西亚等地的商业往来。中部区域与东部区域相比，劳动力数量多且层级低，土地价格更为低廉，与东部港口城市距离更近；与此同时，还承担了辅助区域创新中心的角色，与东部区域互动创新。西部区域与中部区域的比较优势有类似之处，同时拥有大量的劳动力和廉价的土地资源，除除此之外，与东南亚、中亚和西亚毗邻也是比较优势之一。

（四）探索区域协调发展新机制

制定区域政策，需要对区域发展现状有充分的、正确的认知，对问题区域有针对性。目前中国区域发展已经进入新时期，各个区域发展中存在的问题也各不相同，因此，在后续区域政策制定中需要充分考虑落后地区、问题地区的实际诉求，使得针对性的政策可以有效解决当前存在的问题以达到“雪中送炭”的成效。党的十九大报告不仅对历史四大板块的总体发展战略进行了阐述，同时还对革命老区、边疆地区、贫困地区和民族地区的发展明确表示提供有效支撑，京津冀协同发展战略和长江经济带战略又增加了新的意义和使命。所以，笔者认为可以从以下两个方面出发，提升区域协调发展新机制的有效性。

第一，探索对落后地区发展援助机制。中国传统的四大板块区域中革命老区、民族地区、边疆地区、贫困地区是特殊问题区域。援助机制秉承“授人以鱼不如授人以渔”（《淮南子·说林训》）的理念，在物质援助的基础上，更加侧重于深入挖掘发展能力。具体包含设立援助基金、对口帮扶、重大项目政策倾斜等。这些都建立在对区域特殊性、比较优势等充分研究的基础上。例如，在一些贫困地区和民族地区，往往拥有丰富的旅游资源，可以大力发展交通、强化旅游形象宣传，有效提高旅游资源管理能力。而对于自身内在发展动力不足的地区，人、财、物的支撑依然是关键所在。

第二，探索利益共享机制。“共享”是经济发展的重点，也是地区协同互动发展的核心。京津冀协同发展战略和长江经济带战略的提出，为跨省和区域的利益共享机制的探索和建立提供了政策支撑，具体表现在税收分成和生态环境保护补偿等方面，两大战略的提出为其改革路径研究奠定了基础。例如北京医药产业向河北沧州地区转移，通过“共建共管共享”的形式有效地解决了医药产业北京身份和属地管理之间的冲突，最终实现共赢，利益共享。而长江经济带将东、中、西和几大生态功能分区进行串联，通过区域互动、利益共享才能有效解决发展与保护的平衡、在保护中开放、共享发展成果等问题。在复制、推广、法治化好的实践做法过程中，政府、市场和社会组织等本身的作用需要充分发挥，联合实施运用联席机制和规范机制，从不同角度和层次促进区域合作与协同发展，实现利益分享。

第三节　我国区域经济发展形成的若干特色

改革开放以来，党中央、国务院对区域经济发展给予了高度重视，优化区域发展策略，东中西部地区和东北地区统筹发展，出台一揽子改革措施及指导意见。中国区域经济发展逐渐趋于区域均衡。区域经济高速增长的同时，差距趋势逆转逐渐缩小，区域经济格局呈现了革命性的演变，区域经济发展的道路极具中国特色。

一、区域经济发展战略不断完善，引领作用凸显

东部地区经济发展迅速，成为带动国民经济持续快速增长的核心区和增长极。2017年，东部地区生产总值占全国的比重达到52.6％，比1978年提升了9.0个百分点。改革开放以来，东部地区生产总值年均增速居四大区域之首，比中部、西部、东部地区分别高1.0、1.0和2.4个百分点。从人均水平来看，2017年东

部地区人均地区生产总值约为 11 530 美元，已经接近世界银行定义的高收入国家 12 736 美元的门。东部地区依托沿海优势，在对外开放中发挥了巨大作用。2017 年，东部地区进出口总额为 33872 亿美元，比 1978 年增长了 434.2 倍，占全国比重由 37.7 % 提高到 82.5 %，高居四区域之首。

二、区域经济格局实现历史性变革，区域协调性显著增强

改革开放以来，我国的经济发展成绩卓越，随之带来的是综合国力和国际影响力的明显提升。东部地区领先发展，东北地区经济活力再现，中西部地区经济发展水平显著提升。区域发展差距趋势逆转，由扩大趋势转变成缩小趋势，经济发展更加注重质量的提升，但区域分化的现象加剧。

（一）区域经济高速增长，经济发展迈上新台阶

从经济增长的速度来看，1978 年的 GDP 为 3 678.7 亿元，而到 2022 年已经增长到了 1 210 207.2 亿元。这一数据充分印证了中国经济的飞速增长，成为世界第二大经济体。区域经济也随着中国国民经济的发展取得了卓越的成就，各区域的经济产值都呈现了革命性的飞跃，步上新台阶。

东部区域的发展脚步领先于其他区域，发展重点逐步由提速转向提质。改革开放政策实施之后，紧跟国家政策，东部区域的自主创新能力得到了快速提升，高新技术产业和现代服务业重点得到了优先发展，促进了大量自主知识产权、核心技术和著名品牌的建立。资本要素及劳动力也随着东部区域生产技术提高而向此聚集，中西部地区也因此成为生产链上游的重要输出地。另外，东部地区的引领带动作用还体现在制度建设、体制建设、科技创新等方面，为我国经济发展提供经验。

中部地区的经济发展水平得到了明显的提升，可持续发展能力显著提高。20 世纪 90 年代以来，我国出台了一系列政策用以解决区域发展差距持续扩大的问题，如西部大开发、振兴东北老工业基地、促进中部崛起等发展战略。各项政策得到有序推进落实，明显改善了中部区域经济发展的软件环境，进一步缩小了在基础设施、社会服务设施等方面与东部区域之间的差距，发展势头迅猛。另外，中部地区要素成本低、资源丰富，这些先天优势促进了其对沿海地区的产业改造

升级的顺利承接，提高了工业化及城镇化推进速度，形成了国家经济发展的新支点。

进入 21 世纪，青海省跟随西部大开发战略的推进，经济飞速发展。数据显示：1999—2019 年，地区生产总值由 63 亿元增长到 3 051 亿元。三次产业结构实现了由“一三二”到“三二一”的历史性转变，地方财政公共预算收入从 30 多亿元增长到 282.3 亿元，全省用于民生方面的支出由最初的 50 % 提高到 75 % 以上。全省教育、就业、住房、医疗卫生、社会保障等民生领域得到较好保障。一批基础设施建设取得了重大成就。公路里程由 12 000 多公里增至 8 万公里，高速公路达 3 328 公里。铁路运行里程达 2 299 公里。民用机场由小到大，“一主六辅”机场格局形成；建成青藏铁路格拉段及电气化工程、盐湖钾肥百万吨工程、龙羊峡、拉西瓦、李家峡等一大批水电站，电力装机容量突破 2 700 万千瓦，青海已建成全国最大的光伏发电基地，清洁能源装机比重达 86.5 %，开创了全省连续 15 日 360 小时 10 % 清洁能源供电的世界纪录，2020 年青海电网将连续 100 天对三江源地区 16 个县和 1 个镇全部使用清洁能源供电，展现绿色发展的名片。

东北地区经济活力再现，呈现逐渐回升趋势。东北地区只有几个省份，地区生产总值处于 10 万亿元以下量级。自改革开放政策实施之后，东北地区经济发展速度明显落后于东部沿海地区。自振兴东北战略实施以来，东北地区攻克体制创新和机制创新，发展重点转向实现农业现代化，升级装备制造业，改制重组国有企业，促进产业结构升级。振兴东北老工业基地战略近年来取得了明显的成效。东北地区发展过程中体制和机制的改革创新效率明显提升，对外开放深度和广度持续拓展，经济活力释放，发展势头逐渐好转。

（二）区域发展差距由扩大演变为缩小，区域分化态势加大

改革开放以来，中国四大区域之间的发展差距和发展趋势逆转，由扩大态势转变为缩小趋势，从 GDP 占全国经济总量来看，1978 年东部、中部、西部及东北区域地区生产总值占比分别为 43.56 %、21.58 %、20.89 %、13.98 %，2017 年演变为 52.56 %、20.97 %、19.98 %、6.48 %。从经济增长速度来看，改革开放以来，东部、中部、西部地区年均增速保持在两位数以上，分别为 11.4 %、10.4 %、10.4 %，而东北地区略低，经济增速为 9.0 %。从人均 GDP 来看，东部、

中部、西部、东北地区人均地区生产总值分别为 84 595 元、48 747 元、45 522 元和 50 890 元。

在改革开放初级阶段，中国经济发展战略存在差异，根据东部地区具有的工业和地理发展优势，并配套出台了多项优惠政策，实施开放型经济发展策略，推动东部地区率先发展，进而导致了中西部与东部地区之间发展差距持续增加。1995 年，西部大开发、东北振兴、促进中部地区崛起、东部地区率先发展等针对性区域发展策略出台并实施，构建区域协同发展的布局。最近几年，京津冀、长江经济带等区域发展战略陆续实施，区域协调发展实现了进一步深化。提升了区域经济发展的稳定性及可持续性，实现了各区域经济增量和经济总量的双重提升。

目前我国东部、中部、西部以及东北区域经济总量和人均经济发展水平呈现逐渐缩小趋势，与此同时，区域内部分化态势也逐步显现，分化主要体现在四大区域板块间、板块内部以及区域南北三个维度。2021 年，中部和西部地区生产总值分别达到 25 万亿元、24 万亿元，占全国比重由 2012 年的 21.3 %、19.6 % 提高到 2021 年的 22 %、21.1 %。中西部地区经济增速连续多年高于东部地区。东部与中西部人均地区生产总值比分别从 2012 年的 1.69、1.87 下降至 2021 年的 1.53、1.68，区域发展的统筹协调性持续增强；中西部地区经济增量提升赶超东部地区；东北地区经济增速平缓。区域内部分化层面，尽管中西部地区近几年经济增长表现强劲，但是部分省份经济增速与东部地区依然存在差距。区域南北分化方面，具体表现为南部比北部经济发展快、南部经济增长上升，北部经济增长下降的局势。

（三）区域经济增长的产业结构逐步优化升级

改革开放以来，国家各项发展战略持续深化，极大地改善了中国三次产业结构，提升了产业竞争力，促进了发展水平现代化，三次产业结构由“二一三”向“二三一”，再向“三二一”演变。四大区域产业结构的变化呈现“由重到轻”趋势。1978 年，按照中国第二产业占比分析，东北地区、北京、天津、上海以及山西、甘肃等地区第二产业比重较高，到 2017 年，第二产业布局革新，安徽、江西、福建、四川等地工业发展速度较快，以前第二产业占比较高的地区，第二产业的占比出现了大幅下降的情况。第三产业方面，1978 年，青海的第三产业比重是中国所有省份中最高的，2017 年，第三产业比重最低的省份是广西，为 40 % 左右；北京、天津、上海第三产业比重涨幅较大，1978—2017 年，东部地区三个直辖市的第三产业比重发生了质的飞跃，由原来的相对其余省市较低跃至全国前三位。

三、城镇化进程不断演进，城市群逐渐形成

全球都在推进城市化，已经进入属于城市的新时代，在未来 40 年内，世界城市化水平将达到 70 %，中国人口规模庞大、经济增速迅猛，且正处于城市化快速阶段，成为城市化浪潮中的领头雁。

（一）城市群发展初具雏形

在中华人民共和国成立之初，城市人口比重只有 10.6 %，只有 0.58 亿人在城市生活。人口持续向城市集聚是历史发展趋势。我国目前城市化发展处于快速发展阶段，虽然近几年增速有所放缓，但是也处于中高速发展阶段。

我国交通网络越来越密集，交通技术发达程度越来越高，城市的现实物理界限与过去相比有所拓展，抵达不同城市所用的时间不断缩短。以往所说的大城市、小城市呈现了逐渐融合的趋势，城市群经济体由此产生。

2017 年 1 月，国家发展和改革委员会印发《中原城市群发展规划》，标志着中原城市群正式跻身 7 大国家级城市群。2018 年 2 月，国家发展和改革委员会印发《关中平原城市群发展规划》，在与北部湾、呼包鄂榆等城市群的激烈竞争中，关中城市群加入了第 8 大国家城市群的队伍。至此形成了 8 个国家城市群：长三角城市群、珠三角城市群、京津冀城市群、长江中游城市群、哈长城市群、成渝城市群、中原城市群、关中城市群。

（二）中心城市的崛起

在区域发展中，中心城市是其增长极，它与区域之间开展互动，对各种要素与资源配置进行优化，进而推动城市和区域的协同发展。改革开放初期，诸多学者和管理人员深入广泛研究中心城市，研究重点主要是城市经济体制改革、中心城市的功能发挥和建设经济区的必要性等方面，并曾尝试过市带县机制推广。

2005年，建设国家中心城市在中华人民共和国住房和城乡建设部拟定的《全国城镇体系规划》中被正式提出。自此，中心城市的地位和影响力持续提高，诸多城市都努力争创国家中心城市。当前，9个城市属于国家中心城市，分别是北京、上海、天津、广州、成都、重庆、郑州、武汉、西安。多中心、网络化是中心城市的明显特征，对规模较大的都市区和发达程度欠缺地区的发展起到了重要的支撑作用。

四、深入实施创新驱动发展战略，筑牢现代化区域经济体系

中国区域经济发展需要依赖于创新驱动发展战略，这一理念得到了实践和经验的充分验证，科技创新对区域经济增长过程的乘数效应、质量与效益的促进作用愈发明显。

（一）创新创业驱动取得重要进展

自党的十八大以来，国家经济发展思路逐步明确，核心是供给侧结构性改革和五大发展理念，以提升区域经济发展质量信念为指引，孕育出了促进我国区域经济增长的新动力，促进了新产品、新技术的成长，涌现了多种新模式、新服务和新业态。高科技产品不断出现并且形成产业化，如工业机器人、新能源汽车、集成电路、高端智能手机、光缆等，新兴产业对经济增长正向贡献力持续增强，共享经济发展势头迅猛，区域经济发展的新动力得到有效开发。改革性示范区的创新发展，如自由贸易试验区、综合配套改革试验区、国家级新区、自主创新示范区等，则为刺激区域经济动能释放提供了平台。

（二）促进新经济新动能形成的体制机制改革不断推进

党的十八届三中全会针对全面深化改革做出了一系列重大部署，我国采用了先行先试的模式，由特定的目标区域落实多项重大任务，在此过程中积极探索，积累经验。除此之外，建立现代化区域经济体系的长效机制还可以从以下几个方面着手：致力于相适应的新载体和新平台的建设并持续运行，以促进全局整体发展为核心宗旨，对目标地区、重要环节和关键领域进行尝试和探索试验，促进制度环境的优化，支持创新，鼓励突破，统筹协调发展；围绕改革创新，构建区域经济发展试验性平台；结合创新性试验平台等方式为优惠政策提供空间，促进创

新要素的聚拢；调整财政、金融、税收等政策风向，作为区域经济试验性平台的可持续发展的有效支撑；统筹布局重大科技创新和科研项目。以现代化区域经济体系长效机制建设为核心，在市场环境完善，市场资源和政府调控之间互动配合等方面，成效显著。

（三）创业创新活力竞相迸发，创新体系日益完善

党的十八大以来，国家持续鼓励自主创新，市场竞争主体的创新创业动力得到有效激发，体系亦日趋完善，现有的统计数据对此能够有效印证。

区域创新要素极为活跃，适应于区域经济高质量增长发展需要的创新体系持续完善，具体表现为以下三个方面：一是企业的核心竞争力逐步转变为创新。二是产学研协同合作创新显著提升。产学研结合是科研成果市场化的关键步骤，国家为引导产学研深度融合，打通科研成果与市场之间的壁垒，先后推出并实施了多项激励政策和措施，使科技创新转变为新兴经济活力，取得了明显的成效。三是科技创新中介服务体系建设明显加快。全维度多层次的科技创新中介服务体系迅猛发展，如技术孵化转化、投融资服务以及科技咨询培训等，为整合创新要素和转化创新成果提供了有效支持。

（四）科技创新对区域经济发展的带动效应愈发凸显

党的十八大以来，科技创新在产业结构优化、产品供给侧结构性改革和经济动能培育等方面，充分发挥了支撑和提升作用。提高区域经济核心竞争力的根源性动力已经转变成科技创新。

科技创新能够引领区域经济发展，主要源自：一是国家高新技术产业开发区作为区域创新发展平台，与国家创新城市、自主创新示范区之间可以进行互相补充和联动，协同发展；二是科技成果转化能力与各区域科研要素投入和研发支出规模呈正相关；三是科技创新为区域产业结构调整优化提供路径，加快了区域产业协同与精细分工进程。

（五）创新保障体系不断完善，创新环境持续优化

满足创新需求的制度供给和满足创新型经济发展需要生产要素的供给，是区域经济高质量发展的必要条件。

持续优化创新环境可以从以下三个方面入手：一是围绕体制机制创新，发挥市场在基础资源配置中的决定性作用；二是激发创新活力，为创新提供和谐的社会氛围；三是继续强化创新基础设施建设，推进重大科技基础设施部署，为前沿性交叉学科研究平台的建设提供重点支撑。

五、生态文明建设持续推进，区域环境治理成效显著

（一）生态文明理念不断完善，生态文明建设持续推进

自改革开放以来，国家持续推进生态环境保护与建设实践，不同发展时期经济社会建设需求与生态环境特征各不相同，进而使习近平生态文明思想理论成果具有鲜明的中国特色，各时期特征如下。

改革开放政策实施之初，我国生态保护意识萌芽，将环境保护纳入基本国策并予以实施，具体措施主要包括：提高对森林资源保护重视程度，积极动员人民群众加入义务植树队伍，采取法律等强制手段杜绝滥伐森林行为；在保护生态环境的手段上提出运用先进的科学技术，如新能源开发、“三废”整合利用、环境治理技术等。该阶段我国关于生态环境保护的思想基础和理念已经基本建立，但距形成科学体系尚有一段距离。

生态环境保护思想随着经济发展不断深化，鉴于生态环境日趋恶化，可持续发展战略应运而生，生态环境保护理念得以强化。落实到具体行动中，表现为对西部大开发导致的环境退化问题高度重视，进行生态合法综合治理；提升生态技术创新探索的重视程度，资源节约型经济发展模式就此形成；注重协同合作，对生态环境问题共同治理。

进入 21 世纪，区域可持续发展受到生态资源稀缺、生态退化、环境污染的威胁，我国提出“以人为本，树立全面、协调、可持续发展观，促进经济社会和人的全面发展”。在党的十七大报告中首次提出生态文明建设，推进建设资源节约型与环境友好型社会，具有中国特色的生态文明的新理念据此形成，生态环境保护思想日趋系统化。在实践中，提出采用立法手段加强生态文明建设，积极动员环保技术研究创新，推动循环经济发展，降低生态环境压力，促进经济增长模式转型。

党的十八大以来，以习近平同志为核心的党中央对中国特色社会主义生态文明建设理念进行了系统的阐述，在党的十九大报告中首次提出了“绿水青山就是金山银山”的理念，对中国特色的生态文明建设道路进行探索，生态环境保护的科学理论体系得以完善。落实到具体行动，开展了蓝天保卫战；建立绿色低碳循环产业体系，激励环保型战略性新兴产业与现代服务业的发展；完善关于环境治理体系与环境保护的法律法规与保障机制。

（二）区域环境治理成效显著，生态环境质量持续好转

改革开放初始阶段，区域生态环境质量出现了一定水平的滑坡，主要是由于环境保护意识不足所致，后期经过可持续发展、科学发展观、生态文明等战略的熏陶指引，深化了四大区域对生态环境与污染治理的认识，生态环境质量整体呈现先降后升的变化趋势，治理模式也发生了改变，由各省市政府单独治理转变成跨区域协同控制，且在具体实践中形成了多种环境治理途径。具体来看：东部地区在改革开放中率先发展，资源丰厚，在工业化与城镇化发展过程中，臭气污染、酸雨等跨流域环境污染由此产生，环境质量不断下降，据此，东部区域采用新技术，实施了跨流域污染治理工程，有效改善了生态环境质量。

我国重要的粮食主产区与能源原材料基地分布在中部地区，工业化进程导致环境污染日趋严重，长江流域水污染与大气污染加剧了粮食主产区农业面源污染，对此，地方政府对产业布局进行优化调整，对“散乱污”企业进行整治，提升产业环境进入标准，发展生态友好型农业，构建绿色产业体系，对煤炭等重点燃料消费进行总量控制，一系列措施的实施构建了生态治理新格局。

西部地区受天然自然资源与地理环境的限制，生态环境与东部相比较为脆弱，生态环境退化与水资源短缺等问题，对区域可持续发展形成制约，对此，西部地区采取了多项生态修复工程，如植树造林、开源节水、退耕还林还草等，生态环境质量恶化的态势得到遏制，总体趋于平稳并略有回升。

东北地区是中国重要的粮食主产区与装备制造业生产基地，重工业发展导致各类资源过度消耗，“三废”污染严重，对此，东北地区实施了多项生态建设与环境修护工程，如盐碱地改造、退耕还林还草、湿地保护、生态移民等，生态环境质量得到了有效提高。

六、体制机制改革不断推进，区域发展更加协调

自区域经济协调发展战略实施以来，中国持续调整体制机制，为区域协调发展战略的实施提供政策支持。2018年11月，中共中央、国务院发布《关于建立更加有效的区域协调发展新机制的意见》，明确要建立区域战略统筹机制、健全市场一体化发展机制、深化区域合作机制、优化区域互助机制、健全区际利益补偿机制、完善基本公共服务均等化推进机制、创新区域政策调控机制、健全区域发展保障机制，大力推动促进区域协调发展的体制机制改革走向新高度。

（一）以区域经济联系为主体推动区域战略统筹达到新高度

首先，在区域经济协调发展战略实施过程中，持续深化了对区域总体的认识，区域经济发展政策向以区域经济联系为重心倾斜。“西部大开发”“东北振兴”和“中部崛起”战略都是以地理为核心划分的。此后，中国关于区域发展总体战略制定时加入了生态文明理念，主体功能区概念进一步深化，对区域经济协调发展起到促进作用。

在党的十八大之后，“京津冀协同发展战略”“长江经济带发展战略”和“一带一路”倡议等以经济联系为侧重的区域协调发展战略陆续提出。这些战略的提出突破了行政边界，综合考虑整个区域的要素分布、经济发展模式、资源配置方式等问题，更有利于对区域经济发展需要的各类资源整合调配，区域经济的前景展望得以明确，区域经济联动联通得以提升，进而促进了区域经济的发展品质提升。2017年，党的十九大报告指出，将“以城市群为主体，构建大中小城市和小城镇协调发展的城镇格局”，强调了对区域经济联系的关注度，即要建设城市群，突破行政边界，为区域经济发展提供支撑基础，促进区域经济的统筹协调发展。

对于区域的划分根据，从基于地理转向基于功能，再到基于区域经济联系，充分说明了我国对区域整体认知在持续深化，促进了区域经济协调发展机制的革新，从更高层次布局区域统筹发展，实现区域内的经济发展要素得到充分利用，区域的经济活力得到有效释放。

（二）以扩大开放为推手引领区域对外开放实现高层次发展

中国改革开放取得卓越成就的重要原因是采取了对外开放政策。进一步推动

改革开放的重点是做好内陆地区的开放。许多城市需要依赖于铁路运输方式打通对外开放的通道，开放内河经济往来，使得中国海陆地区充分联动，形成沿海和内陆协同发展的对外开放布局，让中国绝大部分区域都享受到对外开放的利好，促进区域的共同发展。

除扩充对外开放地域之外，我国也重点提高了对外开放层次。2013 年，上海率先成立了自由贸易试验区，对以往对外开放与对外贸易的成果进行了整合、优化，同时拉开了金融业开放的帷幕，为对外开放持续深化提供经验。此后，国务院先后批准了多个省、市自由贸易试验区方案，如福建、河南、天津、重庆、广东、湖北、陕西、四川、海南等，中西部省份自由贸易区的构建，是中国开放持续深化、广泛参与全球化积极态度的印证。

（三）以政府管理改革为契机激发区域市场经济活力

释放区域市场经济活力是改革开放的核心目的。以往，中国地区之间政府管理的差异对区域协调发展形成阻碍。所以，深化政府管理领域改革也需持续稳步推进。

第一，政府治理方式持续革新，由管制型向服务型转变。党的十八大以后，实施了一系列的改革措施，如反腐倡廉、改革政府管理模式等，各级政府响应号召，大力实施“简政放权”，降低行政管理对市场经济的干预和限制程度。党的十九大报告进一步指出，要转变政府职能，深化简政放权，创新监管方式，建设廉洁高效、人民满意的服务型政府。2018 年 3 月，国务院也进行了重要机构改革，大大推动了政府管理改革的进程。

第二，通过强化地区间合作、打破行政壁垒等方式促进区域协调发展的改革，加快实现区域经济一体化。当前，海关通关一体化在我国京津冀、珠三角地区和长江经济带均已实现，大大提升了整体贸易的便利程度。同时，特区建设区域经济协同发展的促进作用越发明显，如国家级新区、自由贸易试验区等：一是特区可以成为创新型政府治理方式的试验点；二是国家级新区担当了区域协调发展的关键支点，一些国家级新区自身已经打破了原有的行政界限，不仅可以统筹协调自身优势要素和产业配置，还能与处于成熟阶段的城市区域互通，创新发展；三是较高级别的国家级新区的设立，为新的区域经济增长极提供了生长路径，如雄安新区的建立，有效促进了京津冀协同发展目标的推进。

（四）以财税制度改革为抓手促进区域经济协调达到高水平

仅仅依靠市场自我调节无法彻底解决发展差距问题，政府必须充分运用财政手段，对各类资源再分配。区域经济协调发展的重要衡量指标是公共服务均等化水平，所以，调整中央和地方政府在财权和事权范围是财税制度改革的重要目标。2018 年，《基本公共服务领域中央与地方共同财政事权和支出责任划分改革方案》出台，将义务教育、基本就业服务、基本养老保险、基本医疗保障等 8 大类共计 18 个事项纳入中央与地方共同财政事权范围，并明确了责任分配方式，成为财政事权和支出责任划分获取重要进展的标志，为提高基本公共服务均等化水平提供了有利条件。

为加快区域经济协调发展，积极推进了一系列相关举措，如区域互助机制优化、区际利益补偿机制完善等。随着财税改革持续推进，中央和各级地方政府推动实现区域经济协调发展的实力有效提升。

第四节　未来中国特色区域经济发展的趋势展望

21 世纪以来，国内外的政治经济环境变化云谲波诡，目前全球处于新科技革命前夕，部分重大科技领域呈现历史性变革的前兆。世界政治经济发展的风潮和科学技术革命的革新，必然会对我国区域经济发展的趋势带来深刻的影响。

一、中华人民共和国成立以来区域经济发展的现实挑战

自中华人民共和国成立以来，促进经济发展始终是区域经济发展政策制定的目标，持续践行推陈出新，统筹效率与公平的原则。基于此，我国东、中、西部地区的经济实现了飞速发展，持续削弱了东部沿海地区与我国内陆地区之间的经济发展悬殊，但纵观全局，区域之间发展不平衡、不协调的问题依然存在。经济发展新阶段，如何提高经济发展质量，促进社会主义现代化强国建设，区域经济的协调发展面临的挑战依然严峻。

（一）区域发展的不平衡问题仍比较突出

中华人民共和国成立以来，区域发展政策历经演变，充分展现了我国追求全

面经济发展，改变中国历史面貌的实践过程。我国区域经济发展差距也随着发展水平的高低和快慢而变化。当前，我国区域经济发展差距增速有所减缓，但是我国沿海地区与内陆地区之间依然存在着显著差距，2018 年东部地区的生产总值占国内生产总值的比例将近 1/20，发展进程中，东部地区长期处于经济快速增长阶段，但是其快速发展却导致了中、西部地区的劳动力、能源等资源集聚，吸收中西部地区的生产要素，进而影响了中西部地区的经济发展。实践数据显示，东部地区的生产总值在国内生产总值的比重自 2009 年开始呈现下降趋势，但是依然长期高于 50 %，高于中西部地区生产总值的和。由此可见，中部崛起、西部大开发等区域发展战略的实施依然没有解决区域发展不平衡的问题，中西部地区与东部地区发展差距较大的问题依然严峻，成为新时代推进区域协调发展的实践挑战。

（二）区域发展过程中缺乏生态环境的协同治理

在我国经济发展进程中，为了提升经济发展速度而牺牲生态环境的现象各区域发展普遍存在。当我国实施中西部开发战略之后，中西部地区以提升地区经济发展速度、缩小与东部地区的发展差距为目标，并将承接东部地区产业改造升级转移纳入地区经济发展战略之一。受地区整体经济发展水平高，居住人群对环境质量要求严苛等因素影响，东部地区不得不提升环境规制力度，对污染较大、能源消耗较高的企业进行生产限制，进而导致了部分企业必须向环保要求较低，资源丰富的中西部地区进行转移。

西部地区 2017 年的二氧化硫排放量占全国排放总量的 42.3 %，西部地区 2017 年固体废弃物产生量是 2004 年的 3.6 倍，占全国产生总量的 35%。中西部地区在经济发展的同时，也承担了经济发展所带来的能源消耗与生态环境破坏；受国家地势影响，中西部地区是东部地区的生态环境上游，中西部地区生态环境的破坏又通过“跨界污染”导致了东部地区的环境污染，使得我国生态环境的整体治理受到制约；另外，地方政府之间存在着区域经济发展竞争关系，导致了在区域环境治理政策制定过程中忽略了环境污染的外源性，区域环境治理协同不足，生态治理政策收效甚微，导致出现资源浪费现象。生态环境的破坏致使人类生存环境恶化，对经济的长期可持续发展构成威胁，对我国产业的改造升级转型起到了负面效应，影响了区域经济健康可持续高质量发展。

（三）区域经济发展的开放水平存在较大差距

改革开放以来，中国对外开放程度不断深化，但是，中西部地区受先天资源不足影响，深处内陆，地形繁杂，交通往来不便，经济发展速度缓慢，其中也受到基础设施建设不足、部分政策不完善、国际往来渠道不畅通等因素影响，所以，中西部与东部地区的对外开放水平有着明显的差距，且差距呈现逐步扩大的趋势。

对2005—2017年北京市、河南省和甘肃省对外经济合作合同额进行统计，数据表明，东部地区对外经济合作水平持续攀升，中部地区对外经济合作水平的趋势表现为先增后降，西部对外经济合作水平长期处于低位。所以，在国际形势新阶段，我国区域经济发展和国际经济合作的重点需要围绕我国新时期的发展目标，在强化与内陆地区的深度合作，挖掘与新兴产业市场和国家之间的合作领域等方面进行深耕与突破。如何借助深化内陆地区开放合作，提升四大区域之间的分工合作水平，推动我国中西部地区经济高速发展，构成了我国在实现经济高质量发展进程中面临的关键问题。

改革开放政策实施以来，我国东部地区以自身区位优势、资源优势为依托，以国家经济特区和自由贸易区建设等政策为契机，经济发展实现了质的飞跃。

东部地区经济增长速率多年位于我国前列，以珠三角和长三角为代表，其经济实力在全国占有至关重要的地位。在贸易往来中，中西部地区持久向东部地区输出经济发展所需的劳动力和原材料等大量的生产要素，并借助东部地区的产业改造升级转移的机遇，实现了区域产业工业化的推进，进而带动了自身的经济发展。但是，受到人力资本堆积、制度环境等因素的影响，中西部地区的经济发展与东部地区差距始终存在并且呈现逐步扩大趋势，经济发展水平出现分化。在区域经济发展过程中，中西部地区仿照东部地区的发展模式，发展其已有产业，接收东部地区淘汰的部分产业，实现区域的经济发展。2003—2017年，中西部地区的制造业固定投资增长速度远远高于东部地区，其中中西部地区2017年的制造业固定投资分别是2003年的25倍与17倍，而东部地区仅扩大了9倍。

中西部地区对东部地区产业发展模式的过度模仿，导致了两者之间的产业结构日趋相似，在此经济发展过程中，中西部地区自身的比较优势并未得到充分的发挥，导致投入大量生产资源却没有得到相应的市场份额，与东部地区存在较大差距。此外，受到行政区划阻隔等因素的影响，进一步加剧了区域经济竞争、产业逐渐趋于相同等现象。经济增速和生产总值是各个地区之间角逐的 KPI（关键绩效指标），不同区域之间横向的分工交流和贸易协同匮乏，导致了经济本身就比较发达的区域发展势头更为迅猛的同时，进一步加大了经济本身就比较落后地区取得成绩的难度，而且产生了较多的重复建设和资源浪费现象，不同区域之间的经济持续、平稳和协同发展受到阻碍，进而影响到我国总体经济的高质量发展。

二、新时代中国区域经济发展的未来展望

推进中国经济高质量发展的核心要义是协调发展，协调发展应体现在高质量发展的各个方面，在创新发展、绿色发展、开放发展、共享发展的过程中促进中国区域之间的协调发展。创新对推进区域间的协调发展起到引领作用，不同区域需要充分利用内在的比较优势，因势利导地挖掘经济高质量发展潜能；以绿色发展作为发展的基本原则，秉承“绿水青山就是金山银山”理念，在经济发展过程中注重生态环境保护，构建美丽中国；遵循开放发展整体思路，持续深化沿海地区和内陆地区的对外开放，为区域发展提供良好的经济环境；围绕共享发展目标，削弱区域之间经济发展的差距，奔向共同富裕，促进区域协调发展的实现。

（一）推动创新引领——因地制宜培育区域发展新动能

目前，新旧动能的转变是实现经济高质量发展的关键。因此，协调发展与创新发展需要深度融合，以东部沿海、中西部内陆地区资源分布与经济发展基础为根据，因势利导地挖掘其经济发展潜能。西部开发、东北振兴、中部崛起、东部率先四大板块区域布局奠定了我国区域协调发展的基础。要以此为指导思路，形成东、中、西部经济互联互动、优势互补、协调发展的新格局，因地制宜，取长补短，促进我国区域经济协调发展。

首先，继续发挥东部沿海地区在经济发展中的“龙头”作用，充分运用其在城市化水平、产业技术、投资资金、交通以及开放程度等方面的特长，提升产业新技术研发速度，实现产业改造升级，强化信息产业与绿色产业发展，深化“走出去”战略，与世界产业价值链深度融合。

其次，中西部地区应紧跟东部发展步伐，积极落实体制革新，提升传统产业改造升级效率，深度挖掘经济发展潜在动力。第一，提升对内陆地区老工业基地

升级改造的重视程度，在区域内设备制造业体系完善牢固的基础上，实现装备制造业崛起，以市场为导向提升经济结构整合调整；第二，对中西部农业实施改造，走专业化、规模化和机械化道路，实现农业产业化，将中西部地区建设成我国重要的粮食生产基地；第三，以中部崛起与西部大开发战略实施为契机，以政策优势为引导，推进内陆区域的基础设施建设持续完善，将中西部内陆地区建设成我国重要的能源原材料基地、现代装备制造及高技术产业基地、综合交通运输枢纽；第四，中西部内陆地区在发展第一、二产业的同时，也要通过加速人力资本投资与科技研发投资，提高自身的创新能力与技术水平，最终实现产业转型升级，形成现代化的产业体系，与东部地区协同发展。

最后，推动区域协同发展，必须纵深推进东部沿海和中西部内陆地区的恰当分工，降低重复建设和资源浪费，从空间布局、基础设施建设、产业发展、环境保护、资源开发等方面多维度推动地区间的经济可持续、平稳、协同发展，构建区域经济统筹发展战略机制，用以提升区域间经济联动与合作。一是以国家重大区域发展战略实施为契机，对区域经济和空间结构进行调整，统筹区域之间互相合作分工；二是要兼顾欠发达地区和发达地区的发展，充分将两者在技术、劳动力、能源、土地等资源方面的优势互补融合，根据区域特点因势利导地合理有效分配产业链，建设协同产业基地。

（二）促进绿色发展——实现经济发展与生态保护相协调

我国经济发展重心已经由高速度向高质量转变，绿色发展是基于环保的需求提出，但更多是为了满足当前经济高质量发展、实现长期可持续发展的需要。所以，区域发展政策制定时，必须统筹处理好经济发展与生态环境保护之间的关系，为经济发展质量提供保证基础。

首先，对传统产业实施改造，进行绿色升级转型。一是提升传统产业的改造升级的速度，推动经济由粗放型向集约型转变，促进绿色低碳循环型经济发展；二是要加快发展绿色产业，绿色产业优势显而易见，具体表现为在生产过程自然资源投入更少，废弃物产生更少，部分资源可以实现循环利用，使生态环境得到保护和改善；全力推动绿色产业发展，将挖掘出内陆区域新的经济增长点；三是全力推广绿色技术应用，提高生产效率，降低生产资源投入是传统的技术创新的重点，而降低环境污染，开发利用新能源和循环利用资源则是绿色技术创新的核心。

其次，持续完善相关生态法律法规有利于协调区域经济发展与区域生态环境保护之间的关系。一是构建跨区域、跨流域的协同治理模式可以有效解决跨界污染问题，对全流域环境污染企业强化监管监督，提高生态环境准入门槛，带动上下游生态环境的共同建设和共同治理；二是针对“污染转移”问题，遵循区域公平、权责对等、试点先行、逐步推进的原则，持续完善多维度的横向生态保护补偿制度。

（三）形成开放新局——扩大内陆地区的开放程度

沿海地区经济快速发展的经验证明，持续扩大开放程度是促进经济快速发展的有效手段。深化开放程度，一方面可将发达地区先进的生产技术与生产经验引进来，人力和资源资本也会随之聚集；另一方面产品的销售市场得以拓宽，生产规模得到扩充。新时期，不断深化内陆地区的开放程度是实现中国经济持续发展的必然选择，即在坚持东部地区持续落实开放政策的同时，运用内陆地区靠近中亚、欧洲的地理区位优势，深化其开放程度。

内陆地区开放程度长期处于低位，“丝绸之路经济带”为其开放程度的深化引入了新的机遇，内陆地区应抢抓机遇，全面深挖我国与广大新兴产业市场国家之间隐含的互联互通领域，全方位强化与新兴产业市场国家和区域经济体之间的合作关系，如经济往来、基础设施建设等。第一，内陆地区交通基础设施亟待完善，降低因为交通缺乏便利产生的较高物流成本；第二，内陆区域需要将开发的重点转移到开放环境的打造上来，优化区域开放经济发展条件和基础、改进开放经济发展环境，吸纳投资、先进技术与高层次人才，为经济快速发展助力，缩小沿海与内陆之间的经济发展差距，推动区域共同发展。

社会主义新时代，实现经济高质量发展，缩小不同区域之间的经济发展差距是当今社会的主要矛盾提出的要求。首先，协调推进黄河流域经济带、京津冀协同发展、长江经济带发展、粤港澳大湾区建设、长三角一体化发展等重大国家战略的实施，各个区域需要扬长避短，统筹区域共同发展；其次，在政策方面需要向内陆区域倾斜，加快基础设施投资和建设，提升其交通便利程度，依靠其优美的生态环境和丰富的资源，实现国内外资本和高级人才的聚集，由此推动内陆地区经济的高速发展，逐步缩小与东部地区的经济差异，实现协同发展；最后，提高公共服务在东部沿海和中西部内陆地区的平等化水平，让两个地区的人民共同享有高质量的公共服务，要促进内陆地区教育、医疗、卫生、支农、环境保护等公共服务领域的快速发展，满足中西部地区人民群众对美好生活的需要，实现区域间协调共享发展，最终实现共同富裕。

第五章　区域经济发展的实践探索

第一节　区域经济发展之云南旅游产业的发展

一、云南旅游综合体开发意义

随着我国经济、文化的发展，居民收入有了一定增加、休息休假能够得到保障，旅游成为大众普遍有意愿消费的活动，并从过往的单纯观光旅游转向休闲消费度假型旅游。为紧跟国内旅游行业的发展趋势，云南省制定出由大型项目带动区域发展的规划，意在建成一批包罗万象、功能齐备的旅游综合体。云南旅游综合体的开辟与建设，从整体上看，对于云南省城市品牌形象、旅游产业的发展、就业率的提升都有促进作用；从微观上看，对于旅游景区经营模式的创新、旅游景区投资模式的合理化、区域内各产业的融合起到促进作用。云南旅游综合体的形成具体有下述四个方面的作用。

（一）促进区域内产业融合

云南旅游综合体的建立，可以带动区域内旅游产业的高效整合、有效融合，进而带动区域经济的发展。

旅游综合体的建立使区域内休闲度假、娱乐、餐饮、购物、会议等经济产业集聚，得以提供多功能性服务，并逐步实现产业链的延伸。它以旅游业的基本构成要素作为基础，以全面重整旅游资源、提升旅游产品层级、完善旅游相关配套服务为手段，使旅游产业链逐步延伸，最终形成横、纵向综合发展的旅游产业链格局。所以，旅游综合体内，包含多个不同的产业，各产业位于旅游综合体产业链中的不同环节，可以满足游客各项产业服务需求，这样，不仅可以促使各旅游产业升级转型，还可以带动相关产业快速发展。

要达到旅游综合体各产业的融合。简而言之就是围绕旅游产业，把旅游产业与区域内其他富有特色的产业恰如其分地连接，打破各自孤立的状态，如与周边农业连接，打造休闲旅游与现代化农业；与运动产业连接，打造特色旅游动感基地；与房地产连接，打造旅游地产体验社区。最终，这些新形态的旅游特色产业进入云南旅游市场，作为新颖产业独树一帜地引领旅游市场发展，进而使区域经济大踏步前进。

（二）推动区域内综合发展

旅游综合体，顾名思义，综合性是其特点之一。这一方面表现为产品的多样化，另一方面表现为项目的全面开发。相对于传统的景点，旅游指的是以游客为受众，提供餐饮住宿、旅游观光、休闲娱乐等全方位服务的旅游业。

旅游综合体的发展，不是简单针对一个旅游项目和基础配套设施的建设，还包括了土地产业、社区配套等多方向的全面建设，从而达到区域内的一体化发展。

1. 土地的综合开发

以旅游和休闲为主导的用地的一体化规划发展，是构建旅游综合体的基本任务。它的目的是在该区域内，通过对土地资源的合理运用，建立起一个旅游综合体内的中心区、休闲聚集区，从而达到人口聚集的目的，使土地价格与品牌的价格得到大幅度的提高，并通过与房地产业的结合来发展休闲地产，从而达到了一系列的连带效应，如土地的天然增值，以及通过对土地的开发实现对商品、服务的增值。

2. 产业的综合发展

旅游综合体的发展，就是由简单的、孤立的旅游项目发展为具有综合性的旅游集聚区。其主要内容有发展核心产业，即发展旅游业；文体业、教育业、职场会议业等与旅游有关产业的发展，食品加工业、交通运输业、房地产业等作为旅游支柱产业的发展，并与其他领域的产业进行融合，从而转型为新型旅游业态，本质上为泛旅游产业的全面发展。因产业配备以及发展的倾向点不同，有了各种类型的旅游综合体，科学合理的业态配置与延伸，对于促进该地区的总体经营和经济的可持续发展具有重要意义。

3. 配套的综合建设

在把旅游游玩项目和相关配套设施整合在一起之后，旅游综合体还应对服务管理单位、城市设施、社区管理单位等方面进行相关配套的构建，从而建成一个健全的系统。所以，在一定程度上，旅游综合体的发展将会使区域内土地价格提高，相关配套设施进一步齐备，产业结构得到优化与扩展，从而促进区域的全面发展。

（三）推进新型城镇化建设

旅游业对其他产业具有很强的影响力，可以有效促进地区工农业的发展，从而促进整个地区经济的健康发展。以旅游业为主体的新型城镇化建设，是当今旅游业投资开发的主要方式。这是一种以旅游业发展为前提，对土地合理开发，从而使泛旅游产业的聚集成为现实，并发展与之相关联的配套设施，促使消费、服务、就业、人口的集聚，从而推动区域城镇化的进程。“旅游城镇化”是一种非建制的就地城镇化的模式，是一种值得大力推广的新型模式。旅游综合体是一种新型城镇化发展模式。它在推进新型城镇化进程中具有以下 3 点特殊的作用。

1. 成为提升城镇质量的极核

作为一个处于城镇内的建设项目，旅游综合体成功地发展起来，某种意义上，它成为城镇品质的极核。比如“七彩云南花之城”，就是一个以商业和购物为主要功能的旅游综合体，它在昆明市是一个花园式的、集吃住行游购娱于一体的商业综合体。它具有促使产业聚集、宣传文化品牌和美化环境的价值，对于建设城市方面，起到了强化城市服务功能、提高城市品质和等级的效果，也起到了城镇区域内发展的“极核”作用。

2. 形成非建制的就地城镇化

在旅游综合体的发展中，越来越多的服务产品从城市分离出来，成为一种单独的非城镇建设区域。它践行旅游业的“搬运效应”，把农村良好的生态环境、别具一格的文化和繁多的资源与城市庞大的旅游和休闲消费能力结合起来，从而达到重新配置社会资源的目的，从而促使当地人口集聚，提升居民幸福感，增加就业，促进当地的城镇化进程。

3. 具有产城一体化特征

旅游综合体以产业为主体，进而发展为城镇，它的基本路线是将泛旅游产业、非农业人口以及行政管理与公共服务等因素聚集，呈现产城一体化的特点。

（四）推动云南“旅游强省”建设

2022年5月，云南省人民政府发布了《云南省“十四五”文化和旅游发展规划》（以下简称《规划》），针对云南文化和旅游事业，明确了“十四五”发展目标以及2035年的发展战略，为云南在全国范围内建设文化强省和旅游强省明确了方向。

《规划》指出，“十四五”其间，云南省将以打造“国际康养旅游目的地”“面向南亚东南亚的人文交流中心”“万亿级的现代旅游与文化产业”“打造世界著名旅游目的地”为主线，集中推出“16个10”的世界级优质旅游产品，开展文化与旅游高质量发展的“十大工程”，大力发展一批世界级、国家级旅游产品与服务，不断促进旅游有效、优质的供给，显著提升云南旅游的国内外影响力和竞争力。

二、云南旅游综合体开发条件

（一）旅游资源丰富

云南的旅游资源十分丰富，既有天然的峡谷，美丽的高原湖泊，独特的喀斯特岩溶、石林等，又有历史悠久、富有诗情画意的历史文化遗产，民俗风情等，更有具有很高的观赏性和多样性的生物资源，这些都是云南发展旅游业的重要亮点。

1. 自然资源

云南地处高原，海拔从76.4～6 740米，由于地质环境的显著差异，使该地区的地貌景观资源呈现出多样性和复杂性。在云贵高原上，长期的风化侵蚀和冲刷，形成了独特的喀斯特地貌。其中，有阿庐古洞，被誉为“云南第一洞”，为天然岩溶洞穴，在亚洲是最为壮观的溶洞景致之一，具有奇，绝，古，险的特征，石花，石幔，石笋，石钟乳，石瀑形态不一，形成了一幅奇异而又瑰丽的地下喀斯特景观。另外，在昆明的东南向，有“天下第一奇观”之称的石林，其石林错落有致，形态各异，精美绝伦。还有莲花峰，人间仙境，剑池峰等13个景点，让人为之倾倒，回味无穷。

云南西北部的高山，终年积雪，玉龙雪山闻名遐迩，被誉为“世界上最暖和的滑雪胜地”。腾冲地处云南省西部边境，地处高黎贡山山脚下，是一个以地热资源丰富而著称的地区。位于印度和欧亚两个板块的边缘，有一大片热海和热田，地形地貌千姿百态，被称为“天然的自然地质博物馆”。与此同时，省内还具有富饶的水文景观资源，包括各个河流、湖泊。怒江，澜沧江，金沙江，并排流过群山，构成了世界上唯一的三江并流奇观。滇池坐落在昆明，被称为“高原明珠”，是中国第六大内陆淡水湖泊。其中最为著名的就是泸沽湖，它被群山环绕，“目光所及皆图画，步履所至尽仙源”。湖上星罗棋布着五个全岛、三个半岛、一个海堤连岸，风光秀丽，天然幽静，令人如处仙境。云南还拥有着“植物王国”“动物王国”“花卉王国”等著名的生态和旅游资源。因其特殊的地貌和海拔的巨大落差，造就了不同的气候类型，囊括了非常多的从热带到亚热带到温带，乃至寒带的动植物。

2. 人文资源

云南是一个多民族的聚集之地，素有“民族文化王国”之称。云南的少数民族数占全国 55 个少数民族的 25 个，哈尼族、傣族和白族在内的 15 个少数民族，是只有云南拥有的少数民族。其民族建筑，包括以丽江的古街为代表的四方街、古桥、木府，还有珍贵的五凤楼，傣家的竹楼，白族的粉墙、画壁等。在民族舞蹈方面，彝族有“阿细跳月”，傣族有“孔雀舞”，景颇族有“刀舞”，佤族有“甩发舞”等。关于节日，彝族有“火把节”，傣族有“泼水节”，这些都是当地特有的节日。此外，云南还是古代彝族在这里建立古滇国和哀牢国的地方，拥有大量的历史文化遗迹。

（二）度假旅游市场保障

云南省以其多样的旅游资源为基础，积极开辟旅游业的发展，是率先把旅游产业确定为支柱产业的省份之一。

根据有关资料，云南省的旅游业发展速度快，旅游市场规模也在不断扩大，旅游业的经济发展速度也很快。总体而言，云南省的旅游业已基本形成了一个稳定的、安全的、有保障的产业。与此同时，国内和国际游客人数的不断增加，也为云南综合旅游业的发展提供了广阔的市场基础。

（三）开发愿望强烈

在云南省，旅游综合体的发展是以各级地方政府和有实力的投资企业为主导展开的。他们认为云南综合旅游业的发展前景非常广阔，所以主观上具有很强的发展意愿。

从消费者需求出发，旅游综合体是大众薪资增加和消费结构转变的需求结果。过去单调的景点难以持续稳定地吸引到游客，同时也缺少相应的商业模式。而与之相对的，则是旅游综合体的开发。从投资者的视角出发，旅游经济发展和商业地产经济发展趋势进程中必然生成旅游综合体。消费覆盖面小的旅游投资存在着资金投入大、成本回款时间久且收益低的状况。然而，旅游综合体吸收了成本回款时间少、收益高的房地产项目，因此，它对于有实力的投资企业来说，是重点关注的投资项目。而对当地行政机关而言，除上述两个因素之外，更多的是与地方政府的绩效要求相一致。不仅可以吸引社会资本，还可以把城市的消费带到农村，使周围区域的就业机会增加，产业升级，配套设施完善。可见，在发展旅游综合体方面，政府对其是大力支持的，大型的投资公司对此也很热衷。

（四）政府大力支持

旅游综合体的发展需要大量的成本投入，大量的土地使用，具有高资金亏损风险，高资金收益的特征，这些都离不开当地行政机关的认可与助力。此外，项目的开发一般都会对当地居民的工作和生活有或大或小的影响，进而引发居民工作性质、就业率、住房搬迁、生态环境等相关的社会经济等问题，这些都会对城市的稳定发展带来新一波冲击，所以一般情况下，都需要当地行政机关在更高的层面上，对该种项目的开发进行方向把控。实质上，旅游综合体就是由旅游产业聚集起来的，对于区域整体经济、社会发展、城镇化的建设都有促进作用，所以，政府出台了各项政策扶持旅游综合体的发展。

在国家政策层面，为了推动我国旅游休闲行业的健康发展，构建中国特色的国民旅游休闲风尚，国务院办公厅发布的《国民旅游休闲纲要（2013—2020 年）》的主要内容是：倡导“绿色”的旅游休闲理念，保障国民旅游休假时间，鼓励国民旅游消费，丰富旅游产品，提高旅游质量，从而支撑国民旅游向大众旅游的方向发展。

三、云南旅游综合体开发的内容

一个成功的旅游综合体，其发展框架基本都是由六大板块所组成，即“核心吸引物”“产业支撑区”“旅居度假区”“运营管理中心”“综合配套区”“休闲聚集区”。其中，核心吸引物和休闲聚集区是发展旅游综合体的两个重要环节。这两个环节的顺利建设，可以起到对人流量的吸引与集聚，对地块价值的提升。不过，要想在开发中得到真正的收益，产业延伸发展中心是必不可少的。作用就是针对旅居度假区、产业支撑区、综合配套区的规划发展，在形成一个泛旅游产业的发展框架后，经运营管理中心来保障旅游综合体的持久发展。

（一）核心吸引物

核心吸引物是构成一个旅游综合体的基础。旅游综合体和其他的旅游项目一样，首先要解决的是景区“人气”的形成，如果不能拥有“人气”，那么这个项目也就失去了发展的基础。核心吸引物不仅是产生人流量的前提，在建设旅游综合体中也是占据不可替代的地位。

旅游综合体中通常拥有至少一个核心吸引物，它大致有两大类：一是以山水风景资源、历史古迹资源等自然历史馈赠的资源；二是人工的，如创意公园、游乐园、主题旅馆、运动场、文化商业街区等。不同的旅游综合体拥有的核心吸引物的类别不同，要从旅游综合体的宏观规划入手，根据所具有的独特的、有吸引力的资源、游客需求和投资者与政府意向等来确定。对于云南省来说，拥有特色旅游资源和发达的旅游业，完全具备了发展核心吸引物的必要前提。

（二）休闲聚集区

休闲聚集区在旅游开发中占据重要环节。具体就是把多种休闲旅游产业集聚在一起，为游客提供各类需要，从而使游客在这里游玩驻足的时间得以延长，还可以提高游客的旅游支出，这是实现旅游综合体正常运营的重要环节。休闲聚集区的建设，以满足游客的餐饮、住宿、购物、游玩、健康、运动等各类活动的需要。酒店旅馆、水上公园、主题乐园、商务会所、文化商业街、温泉泳池、滑雪场等多样的休闲产品的构建，可以在满足游客休闲需要的同时，提高旅游综合体的运营收入。这是对核心吸引物的补充，而且对于核心吸引物中的某些项目来说，也没有什么明确的界限。在核心吸引物将客流吸引到这里之后，就会产生初步的消费。但是，要想将客流留下来，并进一步创收，就必须提供更新颖的消费产品，使人们的休闲欲望得以填充，从而完善休闲聚集区。

（三）旅居度假区

在旅游综合体内，旅居度假区是获取土地增收的重点，是实现区域内城镇化的前提。旅居度假区的建设，本质上就是一个旅游地产的发展过程。前述的核心吸引物和休闲聚集区的顺利建设，使人们在该旅游区聚集，相应的地块价值得以升值。而旅游综合体的发展又离不开旅居度假区的建设。这里所说的旅游地产产品，就是指别墅、养生社区、产权式度假公寓、高端居住小镇等。位于旅游综合体中的这些房地产，兼具首居与次居的功能。

（四）综合配套区

在旅游综合体内，综合配套区是发展的重要支柱，并非指像高尔夫球场、五星级酒店等高端旅游休闲设施，指的是为景区居民提供的基础生活配套设施和必要的公共服务。其中，以旅游业为主的综合性配套区域主要有金融、商业、医疗、教育等配套产业；为市民提供的服务，除公共服务之外，还要包括快递服务、果蔬市场、大型购物商超中心、教育医疗、行政服务等。

（五）产业支撑区

产业支撑区的主体为核心吸引物、旅居度假区、休闲聚集区，在旅游综合体中，主要作用是推动区域全面发展，通过旅游产业在其辐射圈内进行养生养老，健康医疗，绿色加工，观光休闲，文化创意等产业延伸。这样的辐射圈发展具有广阔的前景和多样化的经营方式的特点。

（六）运营管理中心

运营管理中心是旅游综合体的一个重要组成部分，是对以上五个体系的支持和维系。旅游综合体是一种由多种产业构成的聚集体，既有别于传统的旅游景点，又有别于普通的居住区。所以，它的经营和管理是非常复杂和富有挑战的。旅游综合体的系统运营，可以分为四个方面：一是旅游系统的运营管理、保障可以给游客提供高质量的旅游体验；二是住宿管理，它可以提供物业服务和投诉监督服务；三是对产业延伸区的管理，它可以对产业进行研发，适时进行产业延伸；四是综合配套区，它能够维护各项配套设施的正常运作。

四、云南旅游综合体开发的对策建议

（一）制定整体规划，优化业态布局

旅游综合体是一个全方位的、规模大、资源投入多、建设工期较久的工程。如果在发展过程中没有做好初期的准备工作，日后势必会给经营带来麻烦。所以，在一开始，就需要科学、合理的完整系统规划，确定指导方针与整体方向，并因地制宜地确定项目主要竞争点、区域划分、产业比例。

第一，要在统筹中引入多元主体的参与，形成科学的规划。在发展旅游业的过程中，政府、开发商和居民等多方存在着矛盾和利益冲突。所以，在规划旅游综合体时，一定要充分考虑各方的建议，并根据市场的具体情况，做好整体规划，确定自身站位与布局。引进专业人士、专业规划单位等参加方案编制工作，提高规划的专业性、实用性和预测性，凸显旅游综合体的强大吸引力。

第二，对景区内各种商业活动进行了空间与功能上的优化。旅游综合体最显著的特征是其具备多种旅游形式，为游客提供巨大的方便与效益。但其实，多样化的业态并不一定要做到全面，而是要满足整个市场的消费需要，或者根据地方的产业特色，挑选出一个或者几个重要的核心业态，然后以此为中心，形成一系列相互呼应、相互融合的附属业态。在此基础上，体现特色，实现旅游综合体的综合运营和持久发展。

（二）注重产业延伸，完善运营模式

在旅游综合体发展中，创建产业延展就是在旅游的基础上，即发展休闲、养生、运动、医疗等延伸产业，实现旅游产业与科技、文化、工农业等产业的结合，从而达到土地增值，地区经济发展的目的。在此基础上，通过提高旅游业的创新能力，加强产业的延伸，来改善旅游业经营方式的单一。具体的方法是，以区域周边产业为主导，根据当地实际情况，进行产品的延伸，将旅游产业与其他产业进行结合，最终形成多种形式的运营模式，如文创产业、产品加工业、休闲地产、观光农业等，以此来减轻仅仅依靠旅游盈利的单一经营模式，从而达到旅

游综合体的稳定持久运营目的。将旅游综合体和一个区域内的特色产业进行结合，这也是一个收益链条的延伸。而具体要与什么产业进行联动和融合，则要看其所在地区的产业情况而定。以昆明“七彩云南花之城”为代表，以“娱乐”和“消费”为主要职能，通过与本地花卉行业的有机结合，形成了“特色酒店”“创意文化”“观光花卉种植”等特色业态，并建成了“云南第一大花卉市场”。随着云南旅游业的兴起，“七彩云南花之城”放弃了单一的“旅游业”赢利方式，而是以昆明特有的鲜花资源为基础，发展与之相结合的产业，开辟了一条“花园型”的旅游综合体发展之路。

（三）加强政府的政策支持和制度管理

一个具有影响大、周期长、高投资的旅游综合体的发展，需要有国家政策的扶持。但是，因为它的经营方式比较复杂，涉及的公司也比较多，所以，如果没有对相关的系统和标准进行规范，就很可能会导致项目偏离轨道，从而导致盲目的房地产发展，浪费大量的旅游资源，还会导致不可逆的环境破坏。

1. 制定推进旅游综合体发展的优惠政策

在发展过程中，国家要科学、准确地制定相应的扶持、激励等政策。以云南省为例，要积极寻求相关部门对休闲型旅游业的扶持，要对旅游业的金融投资进行改革，要以政府的导向进行投资，推动旅游业的发展。在建设用地上，要积极争取国家对云南省的扶持，实行差异化的旅游业用地，适当提高云南的旅游业重点建设用地，放宽对旅游业用地的限制，将旅游业的建设用地分为建设用地、园林用地等，实行不同的用地与建设方式，为旅游业的发展提供更多的用地便利。

2. 强化对旅游综合体开发的制度管理

针对旅游综合体发展计划的法治化，着重于对其发展计划的两个重要步骤——事前审核与实施监督。一方面，要加强对一个旅游综合体的规划预审，以防止其发展目标不合理的问题；另一方面，要加强对旅游综合体项目建设规划的实施监管，对已经审核通过的旅游综合体项目建设规划，未经合规程序不可进行变更、撤销，防止旅游综合体项目的建设内容与前期规划不一致，导致后续项目偏离轨道。

（四）引进专业人才，提高旅游服务质量

每一个产业的发展，必须有专业人员，这一点同样适用于旅游业的发展。提高人才的发展水平，则直接影响着旅游业的发展。当前，云南旅游综合开发正处于快速发展阶段，但也存在着专业人才不足、旅游服务队伍整体水平不高等问题。因此，最直观的办法就是加速对专业人员的引入，建立一个高层次的人才系统，并在此基础上，加大对本地旅游人员的培养力度，提高其旅游服务品质。

1. 引进优秀专业人才

要积极地向旅游发达国家学习并借鉴其在综合体开发建设、经营管理、服务理念和方式方面的先进经验，并制定出一系列的旅游人才引入优惠政策，并将一批具有国际视野、熟悉国际惯例和服务标准的旅游人才引入进来，持续加强旅游综合体的专业性。使旅游综合体的开发能够顺利地进行管理、有效地进行沟通，从而达到各种功能的有效组合，最终实现游客的不同要求和提高旅游的服务品质。

2. 加大旅游人才的培养力度

按照“先引进，后培养”的方针，应加大对已有旅游业专业技术人员的培养力度。可以根据不同的岗位与不同的层级，展开有针对性的培训。在培训的内容中，应当包含各类专业技能的培训和职业道德与规范、安全急救知识和绿色地球意识等基础技能的培训。在此基础上，政府应积极引导和支持人员对旅游综合体的践行，提高人员素质与技能。

（五）深化国际旅游合作，扩大旅游综合体市场

云南省位于中国西南边境，接近南亚和东南亚，毗邻东盟成员国中的缅甸、老挝和越南，是中国面向西南的“桥头堡”，具有重要的战略意义。要发挥云南独特的区位优势，继续加强云南和东盟国家之间的旅游业交流和合作，积极拓展云南与东盟国家和地区之间的旅游业合作，逐渐解决阻碍东盟国家或地区与云南紧密联系的重重边境壁垒，提升云南在世界旅游业中的份额，把云南省建设成一个国际性的旅游胜地，更好地把云南的旅游业带出国门，走向世界。在此基础上，进一步开展云南与亚太旅游组织、世界旅游组织等国际旅游组织的国际旅游交流，并开展旅游信息的交换和合作，达到信息互通和旅游资源共享的目的。

第二节 珠三角区域经济发展模式分析及路径创新研究

珠三角是中国沿海城市群中的一个重要区域，对全国经济发展具有较强的带动和示范作用，其城市群的发展方式受到了国内外学者的普遍重视。目前，珠三角处于一个经济结构转型、发展方式转换的重要阶段，在这种情况下，既要对现有的产业结构进行调整与转换，又要对现有的发展模式进行补充与创新。为此，开展珠三角区域空间格局的研究，探讨珠三角区域新的发展格局及其实现途径，将有助于推动《珠江三角洲地区改革发展规划纲要（2008—2020 年）》，实现区域内的跨越性发展。①

一、珠三角区域空间结构与发展模式分析

区域空间结构作为区域经济的一种重要结构，点、线和面是区域空间结构的三个基本要素。这就要求我们在进行地区经济增长方式分析时，要注意区域的空间格局。结合珠三角地区的具体情况，大致可分为如下模式。

（一）增长极带动型

“增长极”指的是区域空间内的“点”，也就是城市。依据“增长极”的概念，具有强大吸引、扩散和辐射效应的“集聚体”，用来带动周边城市或地区的经济发展，上述“集聚体”称为“增长极”。从珠三角地区的具体情况来看，可以将其划分为 4 个层面。

1. 中心城市

广州作为广东省份省会，其自身的地位被确定为一个“国家中心城市”。广州具有独特的地理位置和悠久的历史，它一直是一个大都市，它的影响一直延伸到华南地区甚至东南亚地区；深圳作为中国第一批建立的经济特区，其经济发展水平位居国内前列，被誉为“全国经济中心城市”。所以，要在珠三角区域内，以广州和深圳两市为核心，形成一股强劲的推动力量，推动珠三角区域的发展。

① 万心月．珠三角高技术产业集聚对经济增长的溢出效应[D]．成都：四川省社会科学院，2020．

2. 区域中心城市

珠海是我国的经济特区之一。《珠江三角洲地区改革发展规划纲要（2008—2020 年）》明确提出，要大力发展珠海，使之成为珠江河口西岸的重要交通枢纽。在港珠澳大桥开工、横琴岛开发、广珠城际铁路贯通、海洋装备制造基地、航空航天产业园等重大项目相继开工的背景下，珠海的地理位置将进一步凸显，具有巨大的后发优势与发展潜力。

3. 较大城市

较大城市指的是具有一定规模和综合实力，并对一个地区的经济发展具有重要影响的城市。在珠三角地区，除了这些核心城市，佛山市正借“广佛同城化”之机，加快区域经济的发展和增长。被誉为“世界工厂”的东莞市，正积极寻求转变，致力于实现“二次起飞”。

4. 接受辐射的城市

《珠江三角洲地区改革发展规划纲要（2008—2020 年）》将接受辐射的城市称为“结点”。珠三角区域内，惠州、中山、江门、肇庆等经济实力较弱的区域，是港、澳、深、穗（未来还要加上珠海）等区域的辐射区。

综上所述，广州和深圳因受到香港的影响，加上本身的地理位置，在“增长极”形成与发展的进程中，成为核心城市，并向珠三角内陆地区辐射。东莞、佛山、珠海在港、澳、深三地的大力推进下，已成为具有一定综合竞争力的大都市。由于“击鼓传花”的影响，惠州、中山、江门、肇庆等地的经济也得到了迅速发展。

（二）点线连接型

“点”与“线”之间的联系，是增长极模式的扩展与发展。在空间组织中，“线”是一种在地理上与社会生活相联系的通道、系统和组织，它不仅包含了交通线，还包含了一系列以线形式排列的城市，被称为“轴线”。根据珠三角的区位特点，可以将其划分为珠江口东岸和西岸区域。其东部以深圳、东莞、惠州为主，西部以佛山、中山、江门、珠海、肇庆为主，而广州则横跨了东部和西部。

1. 东岸地区各点连线

广深铁路和广深、广惠、莞深等高速公路构成了该区域内重要的运输线路。由广州到深圳的高速路有两条：一条是广州、东莞、深圳（经新塘、虎门、长安等镇）；另一条是广州、惠州、深圳（经增城、博罗、龙岗等县区）。

2. 西岸地区各点连线

广珠城际铁路将广州、番禺、顺德、江门、中山和珠海连接成一条线，因此由广州到珠海大约50分钟。广珠城际铁路竣工后，生活在珠海、工作在广州将不再是一个梦。同时，在西岸地区，有纵横交错的高速公路，四通八达，十分方便。从这一点可以看出，交通干线的建成，带动了道路沿线的人流、物流、资金、信息等增长，使得道路沿线的各个点不再是孤立的，从而创造了良好的地理位置和投资环境，将各种产业和人员集中到沿线，使得沿线区域变成了一个新的经济增长点，成为一个新的发展轴线，从而构成了“点线一体”的区域。

（三）经济圈网络型

经济圈网络型是区域发展的高级形式。而网络则是由“点”与“线”构成的，即“点”与“线”之间的有机联系。珠三角经济圈是圈内各城市的经济社会一体化，也就是城市群。以“广佛肇”（广州、佛山、肇庆）、“深莞惠”（深圳、东莞、惠州）、“珠中江”（珠海、中山、江门）为核心的三大都市圈，将首先实现一体化。《中国城市营销发展报告（2019）》于2019年12月5号在北京发布，2018—2019年度，“珠三角”城市群位列城市群品牌前五强第四名。三大经济圈的基本特点如下。

第一，经济、社会和文化上有着紧密的关系。比如：广佛在历史上曾分别属于南海和番禺地区，共同的历史和文化背景，是广佛同城的一个主要原因。

第二，运输衔接。比如，广佛城际铁路和广珠城际铁路的开通，使得广佛之间的公交运输实现了一个很好的衔接。

第三，在经济上的互补性。以“广佛肇”为例，广州和佛山之间存在着不同的工业布局，广州的服务产业和佛山的工业具有相辅相成的特点。肇庆接受了广、佛两市的工业和人力资源的外流。“深莞惠”经济圈之间也存在着互为补充的联系。在文化教育、环保、资源能源、社会安全、科技和人才等领域也存在着交流。

（四）产业梯度转移型

按照“梯度转移”原理，一个地区的产业结构决定了一个地区的兴衰。只有当区域内的产业结构得到了合理的调整，并且这些工业都是处在成长期中的“朝阳”产业，该区域才会有可持续发展的动力。相反，如果区域内的产业结构不够优化，则可能导致区域内的经济发展迟滞，乃至出现退步。新产品、新技术、新经营方式，多数是以高梯度地区为起点，依次从高梯度区域到低梯度区域发展。

从广东省与珠三角区域的产业结构现状来看，梯度的划分大致可分为三个层面：①珠三角内广州与深圳是高梯度区域；②珠三角的中梯度区域为东莞、佛山、珠海、中山、惠州、江门、肇庆；③粤东、粤西、粤北为低梯度地区。因此，珠三角区域内的核心或大型城市必须充分发挥其“辐射”“引导”作用，以实现“高梯度”区域的“产业与人力”向“低梯度”地区双转移。“双转移”模式又可划分为两个层面：①珠三角地区较落后的地区，通过港、澳、深、穗等地的辐射与吸引，向周边地区吸收资源与人力，从而推动区域经济发展；②在粤东、粤西、粤北三个地区，通过对珠三角的产业及劳动力的承接，培养新的经济增长点，从而促进区域发展。

（五）特区（新区）试验型

深圳和珠海作为中国最早建立的经济特区和开放的窗口，肩负着中国改革开放“试验田”的重要任务。尤其要指出的是，“横琴新区”在我国新一轮改革开放进程中起到了举足轻重的作用。

横琴新区以“一国两制”为指导思想，以广东、香港、澳门为合作探索。横琴的发展，将为珠海带来更多的高层次的发展机遇，为推动珠澳大都市圈的建设提供有力的支撑。其主要特点有以下 2 个。①宽松的政策。在《横琴总体发展规划》中，横琴被列入珠海经济特区，实施特区政策。②勇于改革经营方式。在经营方式上，设立二级组织，提供一揽子服务。在通关制度方面，横琴至澳门的港口实施“一线管理”，而横琴至内地的港口实施“二线管理”。

（六）经济与生态和谐发展型

区域发展的最高形式是经济与生态和谐发展。珠三角的生态城市建设模式经历了从珠海到增城的两个阶段。珠海在过去的几年里，走出了一条有别于珠三角其他城市的发展之路，它坚持以“不以破坏环境为代价”的发展之路，打造一个现代化的、花园型的沿海城市，并取得了明显的成效。走在珠海，犹如走进了一个花园，山、海、林、城的和谐，被称为“世界最适宜人类居住的城市之一”。增城是广州下辖的一个区，近几年来，在科学发展观的指引下，该地区形成了“三大主体功能区”的特色发展格局，主要为：南部为制造业集聚区；中部为文化产业区与国际化生活区；北部风景优美，被定位为城市农业和生态旅游区。在构建功能分区的同时，增城也将全面推行“公园化”的发展战略。通过“三圈”的互为补充，使增城走上了产业发展、城市建设和生态保护相结合的科学化发展道路。

二、路径探索与模式创新

（一）加强区域成员间紧密合作，适时增加新成员

珠三角区域内九个成员为了珠三角经济一体化的目标，将会在未来的发展中，加强地区间的合作，拓展地域合作范围，主要从四个方面展开。一是要厘清合作目标。珠三角九市应突破行政区划的壁垒，以政府为推动力，以市场为导向，以资源共享、优势互补、协调发展为目标，构建互惠互利的协作机制，实现资源在地区间的最优分配。二是拓展合作的范围。重点是在交通基础设施，资源能源，产业转移，资本市场，现代物流，科学技术，人才，生态环境等领域。我们应把广州、佛山的“同城化”作为突破，把“交通运输”作为切入点，推进珠三角经济一体化。三是组建城市联盟。城市联盟，也被称为“组合城市”。目前在珠三角地区所形成的“三大经济圈”，实质上是一种城市联盟的形态。各城市要在交通、产业、科技、人才和环境等领域建立连接。四是在适当的时候加入新的成员。在经济高速增长的同时，珠三角区域内的土地、资源和劳动力等各类生产要素日益匮乏，所以，就需要新成员的加入，以拓展珠三角的发展空间。

（二）增强镇一级实力，进一步发挥扩散效应的作用

珠三角经济增长极模式可以划分为中心城市、较大城市（包括区域中心城市）和受辐射带动型城市三个层级。在珠三角经济发展的极化和扩散作用日益加强的情况下，第四层级的“镇级市”被提出和提上议程。针对这一现状，提出在珠三角的某些区域建立“镇级市”的设想。究其原因，一方面是因为一些镇的经济发展水平已经超过了内陆县市，另一方面则是因为体制改革的需要。

（三）利用联合开发、租赁等形式，充分发挥内外两个积极性

一是引进外资、港澳资共同发展，二是要与泛珠三角区域开展更大范围的合作。尤其是同广东毗邻的湖南、江西、广西等地的协作更要做好。基于广东省与

珠三角毗邻港澳，海岸线长，港口多，在此基础上，建议将内陆省市的资本与技术引入广东，用于建设港口并在靠近港口的地方建立临港工业园。

总之，广东乃至珠三角地区在新的形势下，既面临着严峻的挑战，也面临着难得的发展机会。珠三角地区应充分发挥其特殊的地理位置优势，适时进行经济结构的调整，勇于进行经济发展模式的创新，不断地发挥其在国内的辐射带动作用，推动该地区的经济发展达到更高的水平。

第三节　长三角区域经济发展的空间结构分析

一、概况

长三角地区是我国规模最大、最强、最密集的区域，已成为区域性制造业、金融和贸易中心，同时也形成了上海为中心、江浙为双翼的长三角城市体系。克鲁格曼（1991）的“中心—周边模型”和瓦尔拉斯（Walras）在克鲁格曼模型的基础上构建的一般均衡模型，都指出了城市系统存在着分散—集聚—再分散的生命周期。从空间经济学的视角来看，一个地区的经济发展必然是由单一中心向多中心发展的。然而，对地区经济发展的阶段性过程进行实证研究的数据却很少。笔者拟以近年来长三角地区的经济发展为研究对象，通过实证研究，论述长三角地区从“单中心”到“多中心”的变化规律，并为该地区的经济融合提供一些粗浅的建议。

二、长三角经济发展的增长中心和增长极

1950 年，法国经济学家弗朗索瓦·佩鲁（Fransois Perroux）在他的著作《经济空间：理论与应用》中提出了“增长极”这一概念。他认为，增长并不是出现在所有的地方，而是以不同的强度出现在一些增长点或增长极上，然后通过不同的渠道向外扩散，并对整个经济产生不同的最终影响。纵观长三角的发展历史，上海无疑是长三角经济发展的“增长中心”。那么，上海是否也是长三角的增长极呢？

由于长三角地区各区域之间存在着相互作用，所以，利用场论中的引力势理论，对各区域间相互作用的程度进行分析。一方面，一个区域由于自身的发展而对周边区域造成了一定的影响；另一方面，周边区域的发展又会对本区域发展造成一定的影响。

由于上海具有最强的城市综合性，所以上海不仅是长三角的经济增长中心，同时也是长三角的重要增长极，在区域内具有重要的作用。上海的经济发展水平在全国范围内处于较高水平，对周边地区的经济发展具有显著的辐射作用。上海地处沿海，在贸易方面有着得天独厚的区位优势，而上海作为中国金融中心，有着相对成熟的市场环境，中外企业纷纷在上海进行投资，而大型企业本身又能带来一定的规模效益。同时，企业的集聚也会带来外部经济、上下游的关联效应、共享的劳动力市场等，高新技术企业间的知识溢出可以节约人力、物力和财力，从而提高其生产效率，这种循环往复的互相作用推动着上海经济的快速发展。

从空间经济的角度来看，交通成本、规模效益递增以及相关联效应是影响产业聚集的三个重要因素。从这一视角来看，离上海较近的地区，其产品、要素流动成本较低，实现规模效益较大，从而形成较强的产业集群。在此背景下，以上海为核心，靠近上海的少数城市，如苏州、无锡、宁波、南通、嘉兴等，都有着显著的区位优势；而两个省会城市，由于远离了经济增长极上海，其所受的辐射和扩散作用相对有限，其在经济地理和政治上的地位也有一定的落差。其余的一些城市，如湖州、扬州、泰州、镇江等，由于处于长三角经济圈内，受到了周围城市的辐射，所以具有了良好的位置优势，但自身的实力还需要进一步提升。[①]

三、长三角经济发展的趋势——从单中心到多中心

大量研究与实践证明，在上海城市规模快速扩大的过程中，土地与人力成本、生活成本、交通拥堵等一系列问题都会影响到人们的生活品质。城市的外部成本在很大程度上不能为企业及个体所承受，从而使城市扩张超出了合理的范围，导致资源配置的恶化。

---

① 王芬芬．长江经济带旅游产业与区域经济的耦合协调发展研究[D]．南昌：江西财经大学，2020．

把上海作为长三角经济增长的重要引擎，同时必须推动长三角地区其他次级中心城市的转型，才能实现长三角地区经济的可持续发展。

（一）加强其综合功能，同时促进其他城市发展

1. 加快产业结构调整，提高城市的“硬”竞争力

上海是一个人口密集、土地利用率极高的超大城市，在产业转型过程中，能否发挥“吐故纳新”的作用，将原有的产业向外迁移，以发展高科技的新兴产业，对增长极具有重要意义。目前，上海仍然维持着六大支柱产业，其中两个产业在工业总产值中所占的比例比较大，分别是技术含量比较高的电子及通信设备制造业和交通设备制造业。这表明上海的产业结构在进行着积极的调整，但是其所占的比例仍然很低。

2. 加强文化的培育和发展，提高“软”竞争力

上海深厚的海派文化底蕴和鲜明的形象在长三角文化圈内具有独特的地位，同时也与长三角的吴越文化有着良好的契合度和吸引力。加强上海的城市文化建设，不但可以提高上海在全球的竞争能力，更可以是联结和凝聚本地区各大城市的一条重要纽带。

（二）增强区域内次级中心城市经济实力

当前，长三角地区经济发展面临着产业结构趋同、产业布局重复、产业分工模糊等问题。在这种情况下，各个城市在发展过程中都需要相互协作，只有这样，才能更好地解决上述问题，发挥各自的优势，达到资源共享的目的。当然，我们也应该提倡适当的竞争。如果没有竞争，就会造成浪费资源、降低效率等弊端。长三角区域经济发展过程中，如何解决区域经济发展中的各城市之间的“竞争”与“协作”问题，是实现区域经济增长的关键。目前，上海的工业发展已经步入成熟阶段，产业结构的升级也在加速进行。江苏、浙江两省均处在工业快速发展化阶段，其对上海向外转移的产业有很强的吸纳和承接能力，发展空间很大，潜力也很大。

（三）区域内便捷的交通条件

随着京沪、宁杭、苏嘉杭高速公路，新长铁路，润扬大桥，京沪、沪杭高速

铁路，苏通大桥，崇海大桥等交通线路的建成，“3小时经济圈”将各孤立的行政区划逐渐变成真正的经济区域。

第四节　京津冀经济圈的协同发展研究

京津冀区域经济社会协调发展，是习近平总书记亲自谋划、亲自决策、亲自推动的一项重大国家战略，具有十分重要的现实意义。在习近平总书记重要论述的指导下，在京津冀协同发展领导小组的指挥下，京津冀三个省市认真履行各自职责，得到了相关部门的支持和配合，各项工作不断向前推进。

当前，京津冀区域经济社会发展正处于“爬坡过坎”“攻坚克难”的重要时期。要进一步深入学习贯彻习近平总书记关于京津冀协同发展的重要论述，更好地推动各项工作落实。

党的十八大后，习近平总书记先后到京津冀三省市进行视察，习近平总书记于2014年2月26日在北京的重要讲话中，对京津冀区域经济社会发展的重大意义、推进思路、重点任务等问题进行了较为系统、深入的阐述。习近平总书记于2019年1月16—18日赴京津冀三省市视察工作，在此其间，于京津冀协同发展座谈会上，对京津冀协同发展作出的成效予以肯定，并在此基础上，提出了六个方面的要求。

一个伟大的征途，总是从一个明确的目标开始，然后在不屈不挠的奋斗中实现。近年来，京津冀在习近平总书记京津冀协同发展重要论述的指导下，切实提高政治站位，紧跟京津冀协同发展战略目标，凝聚发展共识，强化责任担当，大力推动京津冀协同发展向纵深发展。

一、领会关于京津冀协同发展的重要论述

北京非首都功能的疏解，是推动京津冀经济社会发展的重要内容。从根本上解决北京的“大城市病”，为我国乃至全球“大城市病”的治理提供中国方案，是京津冀协同发展的起点和落脚点。以疏解城市非首都功能为切入点，以解决大规模人口聚集所引发的交通拥堵、资源超载、环境污染等一系列矛盾与问题，对

空间布局与产业结构的优化调整，破解人口密集地区优化发展路径。北京非首都功能的疏解，要求我国站在更大的空间格局进行全面的规划，以“多点一城、老城重组”的方式，对北京的非首都功能进行疏解。

党中央、国务院设立雄安新区，旨在通过对北京非首都功能的疏解，与北京副中心一起构成北京“新的两翼”，并借此推动北京老城重组，提高城市精细化管理水平。

推进京津冀协同发展的战略目标，是打造引领高质量发展的重要动力源。当前，我国经济发展的空间格局正经历着一场深刻的变革，中心城市、城市群正在成为承载发展要素的主要空间形式。京津冀具有明显的地理位置优势，聚集了大量的创新要素，拥有强大的综合实力。我国必须坚定地走在高质量发展的道路上，破除阻碍合作发展的体制和机制上的障碍，突破利益上的壁垒，以更大的力度推动合作发展；扩大对内对外开放的广度与深度，促进合作与协调发展；在此基础上，构建京津冀协同创新共同体，为我国经济社会发展提供重要动力。

“三地一盘棋”是推动京津冀协同发展的根本途径。推动京津冀地区协同发展，要把三省市放在一个棋局中，做好区域规划，厘清各地区的职能定位，发挥各地区的优势，调整和优化地区的生产力分布，创新协作方式和利益共享机制，推进基础设施、生态环境、公共服务互通互联，共建共享，形成地区间的良性互动，推动三省市之间的“错位”“融合”“协同”发展。

二、推动京津冀协同发展取得积极进展

国家政策部署先行，初步完成协同发展的方案制定。中共中央、国务院发布了《京津冀协同发展规划纲要》，并启动了作为中国第一个跨省级行政区，即京津冀“十三五”规划，同时，京津冀“十四五”规划也已制定，初步形成了一个有方向、有逻辑、相关联、有承接的区域协同发展体系。

构建北京新驱动，高水平、高质量地规划建设雄安新区、北京城市副中心。雄安新区“1+N”的规划和政策体系已初步形成，从“规划”到“开工”，包括雄安高铁站在内的67个重大工程全面开工，北京副中心控制性具体计划开始运行，北京首批市属单位迁入副中心工作。北京市通州区和河北省三河、大厂、香河三县市协同发展规划实施。

着重抓住重点领域和关键项目，从交通、环境、工业等方面入手。“轨道上的京津冀”已经正在建设，北京大兴国际机场投入运营，天津港降低费用、提高效益等方面取得新进展。相比于 2013 年，京津冀地区的 13 座重点城市在 2019 年的 PM2.5 浓度降低了 53 %。北京现代沧州第四工厂和其他一些重要的跨地区产业转移项目相继竣工，京津冀地区累计减少了 1.7 亿多吨的钢材和大概 8 000 万吨的水泥。

努力提升大众的满足感，共建共享公共服务真正为人民群众办实事。深化三省市之间的教育合作，促进了教育资源的共享，促进了校际的交流，12 个校际的创新发展合作组织、7 个高校协同创新中心有序设立。加强医药健康合作，实施双向转诊、检验结果互认，建立跨地区医联体，开展异地就医直接结算试点等便民措施。开展对口帮扶，京津 19 个地区和河北省的贫困县有效对接，有效助力河北贫困地区脱贫。坚持改革创新，加快协同发展制度体制建设。京津冀地区 18 个综合创新改革试点项目已经基本完成，北京全国科技创新中心加速建设，117 个国家重点实验室建成，中关村企业落户京津冀地区 7 500 多家，天津自贸区的 128 个项目已经完成。加快建设北京大兴国际机场临空经济区、天津生态城等先行先试平台；北京将推出一系列开放服务业的新一轮综合试点举措。

三、加倍努力推进京津冀协同发展迈上新台阶

积极引导与硬性推动北京非首都功能的转移。要迅速出台有效的转移政策，从内向外推动，把北京的一系列非首都功能转移到雄安新区等地。同时，把“转移”当作一次机会，促进各部门在经济社会发展中的地位和作用不断提升。实现宏伟的蓝图，推进雄安新区向高水平、高质量建设。大力推进雄安新区重点工程的实施，营造出有序的建设施工景象。对规划实施情况进行反复校对，保障正确规划实施。要不断健全雄安新区的行政管理，使其可以妥善处理各类问题。促进北京副中心高质量的发展。实施通州与北三县的协同发展战略，在交通、能源和水利等方面率先开工建设。优化和改进城市副中心的配套功能，提升城市综合承载能力。强化市区腾退空间管理利用，提高城市精细化管理水平。

加强重点突破，统筹推动有关工作。推动各地区的连接和合作，共同推进设立一系列大型项目，在交通、公共服务、环境等领域。北京国家科技研究中心、

天津滨海新区、张家口的“首都水源涵养功能区”和生态环境维护区的建设，提高区域经济协同发展水平，促进区域经济发展。

强化监督和协调，健全促进合作发展的工作机制。加强对不同地区、不同领域和不同部门之间重大问题的协调，并逐个做好工作。加强对地区局势的分析、研判、研究，为制定应对策略提供科学依据。加大媒体的宣传力度，对社会关注的问题作出及时的回应。

第五节 区域经济发展之振兴东北老工业基地

要实现振兴东北老工业基地的目标，最根本的途径就是提升我国东北地区的产业竞争力。产业集群是一种新型的区域经济发展模式，是一种区域经济发展新型空间组织形式。在经济一体化的形势下，东北老工业基地只有在政府的大力支持下，培育并构建良好的市场环境，强化专业分工，加速区域经济一体化进程，培育具有比较优势的主导产业和特色产业群，才能逐步实现东北老工业基地的整体振兴。

一、产业集群提升竞争力的经济学分析

在我国，产业集群主要是某一行业中，经营范围基本相同或者有相互供需关系，体量、等级不同的企业，通过复杂的渠道密切联系在一个区域内。很多地区经济发展的理论都是根据实际情况而形成的，并对一些地区的经济发展起到了一定的推动作用。随着我国市场经济的不断深入，迅速发展的产业集群越来越受到重视。在对产业集群的认识不断深化的同时，也逐步形成一种新的区域经济发展理论。

（一）产业集群的区域品牌优势分析

在集群中，企业利用所在位置、物质资源、科学技术、区域分工、生产基础和销售渠道等有形、无形资源，打造区域特色产品，这为专业市场的打造创造了有利的环境，而这个环境又会促进集群中的产业和企业的发展，因此，集群企业包括专业市场，专业市场依赖集群企业，其中蕴含着大量竞争。企业集群是通过发挥群体效应，建立区域品牌的。在产业集群中，企业利用群体广告的作用，培

育出一批具有较高知名度、较好形象的企业，从而使其成为“区域品牌”。这样，该“区域品牌”就能够为该地区各企业共享。

区域品牌中又可以选择出区域性的品牌，为优中择优的品牌，相比于区域品牌，拥有更知名、更历史悠久的品牌特点，哪怕其中一个企业经营困难，但只要不是因为技术等不可抗拒的原因而导致企业集体破产，区域性的品牌更容易维持下去，进一步提高区域品牌口碑，然后走出国门，参与到国际化经营中。

（二）产业集群的低成本优势分析

第一，生产成本低。基本无障碍的资源渠道不但可以确保充足的原料供给，还可以提供便利的交通、优质的人才资源，从而促进资源结构优化、控制成本、提高资源利用效率。集群中企业之间的距离拉近，不但可以基础设施共享，还可以有信息交换、传递、交易成本降低等方面的优势。

第二，参与经营、退出市场的成本较低。在产业区域内，可共享共用的公共资源及设施，亦可降低企业进入后对外部建设的必要投资。这使得企业的参与、退出的门槛都较低，企业创业成本也会更低，该区域也更容易成为创业基地。

第三，获取信息费用低廉。信息闭塞的问题在产业集群内几乎不存在。在集群区域中，企业密集，还包括方方面面都比较优质的专业市场，这使得企业很容易获取最新的产业相关信息。同时，还可以拓宽人们之间的沟通渠道，将信息有效地传播出去，从而极大地节约了企业搜索信息的时间和成本，使得企业的生产更加迎合市场需求，也能够满足市场需求。

第四，配套费用低廉。企业集群的一大特征就是高度专业化，在集群内的产业链上包括种类多样的专业化企业，彼此之间能够相互分工配合、高效协作。因为它们都在一个地区内，所以可以减少企业间相互配合的采购、运输、储存成本，也可以减少企业人力成本。

（三）产业集群的技术创新优势分析

产业集群于竞争而言，不仅使市场竞争更加激烈，也使企业从竞争中脱颖而出。在产业集群中，涵盖了专业化分工明确的同一产业的各类企业、上下游供应商、营销、消费者等数量庞大的群体。因为它们在地理位置上的距离很近，所以它们之间的业务关系也很密切，因此，在市场上，只要有市场前景的重要技术创新，集群中的企业都会同步对这些创新成果进行吸收，并在此过程中，企业可以快速地学以致用，来达到自我的变革，从而持续地升级产品。此外，因为集群中的企业相互存在着非常紧密的联系和对比，因此，企业竞争也就攀升，竞争带来源源不断的创新，于各企业来说也是益处。

伴随集群区域的不断扩大，生产企业形成集聚后，还聚集了很多服务型企业，专门提供技术和研究支持，从而构成了一个完善的服务体系，如管理咨询企业、技术开发企业等。这些企业旨在技术的研发、扩散与交流，从而满足区域内的企业技术需求。

二、东北老工业基地发展产业集群存在的问题

（一）产业链条短，整体竞争力低

当前，东北老工业基地是我国的重工业基地，虽然国家重点企业众多，但是大部分企业的产业状况都比较分散，各个企业之间的产业关联度不高，它们之间只是单纯的生产对接关系。先进的制造企业与落后的配件企业难以匹配，配件企业只能承接一些低附加值的加工品，很多配套产品不能满足制造企业的需求，这就导致了东北很多企业的聚集停留在表面，产业链的延伸与企业供应对接能力差，不能形成比较完整的产业链。比如，在东北老工业基地中，汽车产业先进的整车、发动机厂和落后的配件厂共存，在市场需求发生变化的时候，经济缺少转换能力，很难让产业集聚稳定、健康、迅速发展。[①]

产业链的不完善，造成了产业水平较低，产品竞争力不足，基础产品质量不高，缺乏精细化加工能力。在经济发展持续变化和市场环境瞬息万变的情况下，倘若不把装备工业、重工业产品的需求作为基础，调整产业结构，升级产品质量，就会造成产品低劣，缺乏附加值与技术含量，不能匹配工业产业的需要，结果就是传统工业逐步没落，随之，就是东北老工业基地的没落。

（二）政府职能越位，投资环境深受影响

虽然东北地方政府已经明白了必须营造良好的投资环境、发挥政府职能促进营商环境，但在实际操作中，被多种因素影响，却本能地为了生存和增收，依然

① 宋秋．振兴东北老工业基地路径浅析[J]．现代经济信息，2019（10）：478．

沿用旧有的严格行政审批权、行政性收费等方式，来维持财政收入，相应的就提高了企业经营成本，最终导致了投资环境的进一步恶化。就企业来说，尤其是中央直属企业，由于条块分割机制，导致了职能交叉，程序烦琐，效率低下。私营企业在投资过程中，还面临着重重障碍，如税收检查、技术改造、项目融资、财政补贴、市场准入等。由此导致的后果就是：按投资额划定的分级审批制太过苛刻，制约了一批外资大项目的投资。审批过程烦琐、耗时较长，在一定程度上增加了竞标项目的投资风险。这种以行政审批为主的投资与融资管理方式，是一种对政府功能的越位，也是一种制度上的阻碍。

（三）市场机制不完善，集群内结构比例失衡

由于受到计划经济的影响，东北老工业基地的企业在生产和管理、社会资源分配等方面都具有很强的计划经济性质，缺乏高度的市场化。相关资料显示，东北地区整体市场化水平与东部沿海区域相比，总体上仍处于较低水平，在全国范围内排名靠后。这其中的原因一方面是科技成果的转化运用率不高，科技与人、资本、产业和市场没有很好地融合在一起，科技成果不能很好地进入工业和农业，也不能很好地进行产业转化；另一方面，则是由于产业技术的陈旧，以及工业企业装备水平的落后。

由于市场机制的不健全，导致了产业集群内部构成的不正常。其一，在工业系统中，轻工业占比小，重工业占比大，而这就造成了产业集群无法正常运行。其二，从整体上看，在东北老工业基地的产业系统中，工业产业的增加值所占的第二产业的比重高于其他省市，但是第三产业的增加值低于全国其他省市，明显不协调的产业结构。在黑龙江省，一般企业都与集群内的其他企业缺乏联系，没有产业化的分工与协作机制，属于横向产业集群，这样的集群内部其实是分散的，也不能最大限度地发挥出自己的竞争优势，这对产业集群的健康发展与正常竞争都是不利的。

三、东北地区发展集群经济的对策

（一）充分发挥政府职能，加大政府引导

在市场经济背景下，良好的市场环境和政府服务功能完善的地区对生产要素

有自然吸引力。地区间的竞争，说到底就是政府实力和效率的竞争。我国正处于由计划经济向市场经济转型的时期，这是中国产业集群发展的一大特点，在此时期，政府的作用也有其独特之处，需要政府对企业的发展给予必要的支持和帮助。在新的历史条件下，振兴与改造老工业基地，就是政府职能的转变、企业的体制与机制的转变过程。

但是，政府也只是在宏观上进行指导、提供服务，并不能对其进行直接干预。政府制定实施产业政策，从而促进、维护集群的有序发展。一方面，引入中介组织，使企业获得外部的规模经济基础；另一方面，各种中介机构也是促进产业集群发展的重要力量，是促进产业集群效应发挥的重要因素。为此，政府应对中介参与者进行激励和引导。

在振兴东北老工业基地的进程中，特别是要将数量庞大、拥有优势的研究机构引入产业集群的发展中，使产学研有效践行，构建顺畅衔接的研发、交流网络，促进产业集群的形成和发展，使政府由管理角色转向服务角色。此外，集群发展方面，对能够集群化发展的产业，出台优惠政策，定期举办主体产品博览会，促进联合经营，对无法集群化发展的产业，不可无目的地成立工业园区。在吸引投资上，行政机关应主动吸引投资，利用融资政策及优惠，系统地将民间资本引入，增加自主研发投资，加速设备更新换代。

（二）培育高效宽松的市场环境

要在东北老工业基地形成产业集群，就必须有良好的市场基础。由于产业集群的建设，在很大程度上受市场驱动。提高企业的创新能力，离不开一个良好的创新氛围与产权市场，因此，加速市场化改革，创造出一个有利于产业集群的政治与经济环境，这就成为东北老工业基地的发展方向。外向型加工业产业集群，如广东珠三角、浙江的特色产业集群、北京中关村的高科技产业集群，均以市场机制为动力，自发形成。因此，调整、改造、振兴东北，最需要的不是投资，而是一个充满活力的开放的市场。政府应该通过放宽行政管制，帮助盘活金融，扩大对外开放的通道，以促进市场要素在地区的流动。当地行政机关要将国有经济与民营经济的发展统筹起来，支持民营经济的发展，推动东北地区经济发展转型，推动工业科技化、农业产业化，增加农产品附加值，促进三大产业的稳定有序发展，为产业集群的形成奠定科学、合理的市场构成基础。

（三）加强专业化分工协作，加快区域经济一体化步伐

在一定的经济区域内，形成各种集群经济，要有勇气打破当地的封锁与市场分割，要对当地的政府行为进行统一与协调，东北老工业基地要按照市场经济的基本原则，进行紧密的协作，优化经济结构，促成经济政策上的步调一致，可以共享基础设施，让东北三省的生产要素可以自由地流通，寻求三个省份的繁荣兴盛，充分发挥集群经济的辐射效应，让集群经济在一个经济区域中顺利地扩展。集群企业的核心竞争力为专业性与分工。东北三省既有相同点，也有不同点，相同点就是国企居多，多为国有制，主要产业为工业，具备分工协作的极大可能性。如果能够合理分工合作，延伸产业链和整合资源，对发展方向进行把控，利用专业化、精细化的特点，为上游企业提供配套服务，让劳动力、资本、产品、技术等要素能够自然流动，这对经济区域分工，提高资源的利用率有很大帮助。

在东北，制造业发展基础好、发展前景广阔。产业门类多、产品种类丰富，构建出初级农产品—产品初加工—食品、石油开采—初加工—精细化工产品等产业链。以黑龙江中国第一重型机械集团，辽宁的矿山设备、输配电及控制设备和船舰制造业，吉林的汽车及轨道客车制造业为主体的装备制造业集群作为重点发展产业。围绕“一汽”，对辽宁、黑龙江两省的汽车厂进行整合、改造，建成国内最大的汽车基地。为此，应在明确东北主导产业结构的基础上，做好省区、行业的分工；区域内的各个省市也要根据自身的条件，找准自身的特色，参与建设电子、汽车、机械的一体化产业。

（四）培育有比较优势的主导产业，发展特色产业集群

在东北地区，尽管重化工占了较大比重，但是大部分城市没有明确的主导产业。专业化程度低，缺乏明确的分工体系，造成了没有确定产业发展主要方向的状况。基于这一点，改造东北老工业基地，不能再走之前发展的老路，而是要立足于当下，将自身的优势发挥出来，在利用高科技对传统产业进行改造方面下足功夫，以主导产业和优势产品作为突破中心的策略。因此，对于优势产业，以市场占比大、收益高、有持续发展潜力、有带动力为要素进行选择，实际来说，就是倾向于重大装备制造业及相应的零部件工业，如汽车、造船、机床、航空、发电设备等产业，还包括一些劳动密集型产业，如化工、电子、钢铁、食品等产业，能有助于降低失业率，从而形成产业集群效应。

以优势产业为基础，培育出特色产业集群，对提高地区竞争力，促进区域经济发展具有重要意义。目前，我国正处于优化以及调整产业结构、促进产业转型的阶段，发展具有科技含量与附加增值的制造业，为东北地区带来了一次历史性的发展机遇。东北地区的主导产业，也就是制造业，通过迎合市场、深入改革等方式，构建出新型专业的、合理的分工体系，从而实现从传统产业到产业集群的变革。这样的产业集群，在很大程度上可以提高产业资源的利用率，进而形成强大的区域经济体。

参考文献

[1] 赵慧 . 区域经济发展理论与实践 [M]. 兰州：甘肃人民出版社，2018.

[2] 李鹏飞 . 城市经济区空间组织结构研究 [M]. 昆明：云南人民出版社，2020.

[3] 张莉 . 高速铁路对区域经济发展的影响机理及效应研究 [M]. 南京：南京大学出版社，2019.

[4] 刘秉镰 . 中国区域产业经济研究 [M]. 北京：中国人民大学出版社，2020.

[5] 刘昌亚 . 长三角体育公共服务一体化战略目标及推进策略研究 [M]. 苏州：苏州大学出版社，2021.

[6] 孙久文，夏添，张静 . 中国区域经济发展报告 [M]. 北京：中国人民大学出版社，2019.

[7] 孙久文 . 区域经济前沿 [M]. 北京：中国人民大学出版社，2020.

[8] 王艳红 . 区域经济格局演变中的中国自由贸易区战略研究 [M]. 天津：南开大学出版社，2018.

[9] 九三学社江苏省委员会 . 科技创新与促进江苏区域协调发展 [M]. 南京：东南大学出版社，2019.

[10] 吴常艳 . 长江经济带土地利用与经济一体化 [M]. 南京：南京大学出版社，2021.

[11] 郭利平 . 中原城市群、产业集群耦合与区域经济增长 [J]. 统计与决策，2023，39（10）：126-130.

[12] 吴楚豪，周颖 . 区域分工、经济周期联动性与经济增长极建设——国内价值链分工的视角 [J]. 南方经济，2023（5）：64-83.

[13] 张芳 . 产业结构升级对区域经济韧性的影响效应 [J]. 财富时代，2023（5）：118-120.

[14] 李炼 . 基于乡村旅游模式创新的区域经济增长策略研究 [J]. 中国集体经济，2023（15）：5-8.

[15] 王敏，车丽萍 . 创新型创业对区域经济发展的异质性作用分析 [J]. 技术与创新管理，2023，44（3）：300–314.

[16] 任保平 . 新发展阶段我国区域经济高质量发展的理论逻辑、实践路径与政策转型 [J]. 四川大学学报（哲学社会科学版），2023（3）：81-90；193.

[17] 陈蔚 . 金融集聚、市场一体化与城市经济效率 [J]. 技术经济与管理研究，2023（5）：70-77.

[18] 侯文星，许宁，李学鑫，等 . 高速铁路对中原经济区经济联系强度影响的时空变化分析 [J]. 商丘师范学院学报，2023，39（6）：58-63.

[19] 吴彪，马龙，吴冰冰，等 . 公路交通与区域经济耦合协调发展驱动因素分析模型 [J]. 交通科技与经济，2023，25（3）：73-80.

[20] 李伟，张怡婧，胡馨语 ."双一流"背景下高等教育与区域经济融合发展探析 [J]. 国际商务财会，2023（9）：7-11.

[21] 王可誉 . 中国区域经济福利的分解与测度 [D]. 杭州：浙江工商大学，2022.

[22] 欧娇 . 云南区域经济差异时空演化及益贫发展研究 [D]. 昆明：云南财经大学，2022.

[23] 余进韬 . 数字金融的经济增长效应及其机制研究 [D]. 成都：四川大学，2022.

[24] 闫昱睿 . 智慧城市建设对城市经济韧性的影响研究 [D]. 大连：东北财经大学，2022.

[25] 陈祎璇 . 城市群市场一体化的经济增长效应研究——基于京津冀、成渝、辽中南和中原城市群视角 [D]. 石家庄：河北地质大学，2022.

[26] 郭冬艳 . 京津冀土地生态安全与经济高质量发展耦合协调研究 [D]. 长春：吉林大学，2022.

[27] 杨颖 . 绿色金融对区域经济低碳转型的影响研究 [D]. 兰州：兰州大学，2022.

[28] 孔潞潞 . 辽宁省金融集聚对区域经济增长的空间溢出效应研究 [D]. 沈阳：沈阳大学，2022.

[29] 周志军 . 习近平经济思想研究 [D]. 大连：大连海事大学，2022.

[30] 许冰 . 基于乡村振兴视角下的 CF 公司 PPP 模式服务区域经济发展研究 [D]. 昆明：云南师范大学，2022.